탐정학 시리즈 6

Detective and Law

탐정과 법의 이해

강동욱
한국탐정학회

박영사

머 리 말

    2020년 8월 5일부터 개정된 「신용정보의 이용 및 보호에 관한 법률」(법률 제16957호, 이하 '신용정보법'이라 한다)이 시행되면서, 우리 사회에서 탐정업에 관한 관심이 높아지고 있다. 이미 오래 전부터 탐정이라고 하는 직업의 법제화를 위한 노력이 있었음에도 불구하고, 국회에서 관련 법률안이 통과되지 못한 채로 회기만료에 따라 폐기되어 왔다. 나아가 탐정은 직업분류에서 자유업으로 명시되어 왔지만 구 신용정보법 제40조에서 '정보원, 탐정, 그 밖에 이와 비슷한 명칭을 사용하는 일'(제5호)과 '특정인의 소재나 연락처를 알아내는 행위'(제4호)을 금지함으로써 사실상 탐정이 불법적인 활동으로 인식되는 지경에 이르기까지 하였다. 하지만 탐정업은 주지하는 것처럼 우리나라를 제외한 OECD국가들이 모두 인정하고 있는 직업으로서, 공권력이 미치지 않거나 공권력이 개입할 수 없는 영역에서 일반 시민들의 고충을 해결해주는 기능을 수행해 오고 있으며, 제4차 산업혁명시대를 맞이하여 더욱 활성화될 직업으로서 인정되고 있다. 따라서 국제경쟁력의 확보라는 관점에서는 물론, 불법적인 탐정활동을 막고 이용자의 보호를 위해서도 탐정업에 관한 법제화가 시급히 요구되고 있다. 전술한 신용정보법의 개정도 이러한 관점이 반영된 것으로 보이며, 이로 인해 탐정이라는 상호를 사용하고, 탐정활동의 적법성을 확보하게 된 것은 매우 다행스러운 일이라고 할 것이다. 따라서 향후 탐정업에 관한 법제화가 이루어질 수 있도록 탐정을 직업으로 하는 사람들은 법의 테두리 안에서 탐정활동을 수행하고, 탐정업이 누구나 믿고 이용할 수 있는 직업으로 자리잡을 수 있도록 법의 테두리 내에서 활동할 필요가 있다.

    이러한 현실을 고려하면 탐정을 업으로 하는 사람들은 탐정활동에 대한 기능적인 능력의 향상을 도모하는 것 외에도 자신들의 행위가 법률에 저촉되지 않도록 법에 대한 지식을 충분히 습득할 것이 요구된다. 특히, 탐정활동에 의해 수집한 자료들은 나중에 의뢰인에 의해 대부분 소송상 증거자료로서 수사기관이나 법정에서 사용될 수 있다는 점을 고려하면 그 수집과정에서 불법이 개재되지 않도록 하여야 한다. 따라서 탐정업을 하고자 하는 사람들이 법에 대한 기본지식을 함양하는 것은 탐정활동 관련 전문법률들을 이해하는데 필수적인 조건이고, 개별 탐정활동에 있어서 합법적인 테두리 내에서 활동하기 위한 기초능력이 된다는 점에서 매우 중요하다. 이에 동국대학교 법무대학원에서는 2018년부터 '탐정법무과정'(석사과정)을 개설하여 운영한 이후 다수의 법학석사를 배출하고 있으며, 2020년 3월부터는 일반대학원 박사과정에 '탐정법전공'을 개설·운영함으로써 법적 지식을 갖춘 탐정의 배출과 일선에서 탐정교육을 수행할 수 있는 탐정법전문가를 양성해 오고 있다. 더불어 한국탐정학회에서는 각 영역의 전문가의 도움을 받아 탐정관련 도서들을 계속하여 저술하여 발간함으로써 탐정활동에 대한 이론적 뒷받침과 학문적 전문성을 갖출 수 있도록 하는 등, 탐정업의 체계화·전문화에 노력하고 있다. 이 책은 이러한 노력의 일환으로서 법학개론에 해당하는 내용을 중심으로 하여 탐정업을 하는 사람들로 하여금 법에 관한 기초지식을 함양하게 하기 위한 목적으로 저술되었다. 따라서 이 책이 합법적인 탐정활동을 위한 초석이 되고, 탐정으로 하여금 전문적 법적 지식에 관심을 가지도록 하는데 기여하는 기본서가 되기를 기대해 본다

끝으로 어려운 여건하에서도 이 책을 출간하게 해 주신 박영사 안종만 회장님, 안상준 대표님, 편집부 김선민 이사 그리고 편집부 여러분에게 큰 고마움을 전한다.

2022년
목멱산 자락 연구실에서
강동욱 드림

차 례

제 5 장 ─────────────────────

법의 목적

제 6 장 ─────────────────────

법의 근거

제 7 장

법의 구조

제 8 장

법 계

제14장

법의 제재

제15장

법률관계의 논리구조

제16장 ─────────────────────────────

권리와 의무

제 1 장

서   설

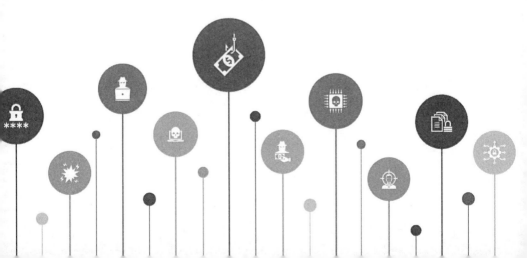

서 설

법일반이론이란 법의 개념, 법의 목적, 법의 효력 등 법에 관한 기초적인 내용에 관한 논의를 말하며, 이에 관한 내용을 개괄적으로 정리한 책을 '법학통론'이라고 하였다. 오늘날에는 '법학개론', '법학입문', '법학원론' 등으로 불리워지기도 한다. 최근에는 '법학개론'이란 용어가 일반적으로 사용되고 있다.

- 통론 – 전체를 통한 일반적이고 공통된 이론
- 개론 – 내용을 대강 추려서 한 논설
- 원론 – 근본이 되는 이론

1. 법학개론의 성립

18세기 후반 법학이 학문으로 성숙하면서 법학통론이 등장하였다. 법학통론은 법학전체에 관련된 일반적이고 공통된 이론을 다루는 학문으로서 초기에는 '법률백과'(Juristische Enzyklopädie)라고 하였다.

또 1737년 독일 괴팅겐대학교(Georg-August-Universität Göttingen)의 슈마우스(Schmauß) 교수는 '제법입문(諸法入門, Einführung in die Rechte)'이라고 하였으며, 토마지우스(Christian Thomasius) 교수는 '법학기초론'이라고 하였다. 한편, 1756년 괴팅겐대학의 피터(Johann Pütter) 교수는 '법률백과', '법률백과 및 방법론의 신시도'를 출판하였으며, 이후에는 '법학입문'으로 발간되었다.

우리나라에서는 처음 '법학통론'이라는 명칭으로 사용되었다. 법학통론은 1895년 법관양성소 교과목과 1905년 보성전문학교의 교과목에서도 존재하였다. 1905년 유성준은 우리나라 최초로 '법학통론'을 발간하였으며, 이후 권봉수(1907년), 주정균(1907년 또는 1908년) 등에 의해 교과서가 발간되었다.

해방 후에는 전봉덕(1947년) 교수가 최초로 '법학통론' 교과서를 발간하였으며, 그 이후 김증한(1953년), 황산덕(1958년), 장경학(1961년) 등 많은 교수들에 의해 발간되었다. 현재에는 '법학통론' 외에도 '법학개론', '법학원론', '법학입문' 등 여러 가지 명칭으로 교과목이 개설되거나 교과서가 발간되고 있다.

2. 법학개론의 목적

'사회 있는 곳에 법이 있다(ubi societas ibi ius)'라는 법격언처럼 인간은 사회생활에 있어서 수많은 법의 규율을 받으면서 상존하고 있다. 아리스토텔레스(Aristoteles)는 "인간은 사회적 동물이다"라고 하였고, 기에르케(Otto Friedrich von Gierke)는 "사람의 사회적 교섭은 자연이 명하는 것"이라고 한 것처럼 인간은 사회적 존재이며, 사회를 떠나서는 생활할 수 없다(사회형성). 이와 같이 사회가 형성되면서 인간의 가치나 주장의 충돌이 발생하므로 원만한 사회생활을 유지·발전시키기 위해서는 일정한 질서의 필요성이 제기되었다(통제-규범의 출현). 초기에 사회의 규모가 작을 때에는 1차적 사회규범인 종교, 도덕, 관습 등을 통해 사회통제가 가능하였다. 그러나 사회가 발전하면서 다민족, 다종교로 구성되고, 사회현상도 다양화·복잡화됨에 따라 1차적 규범으로는 통제가 불가능하게 되었다. 이에 국가라는 정치적 조직체가 탄생하게 되었고, 이와 더불어 강력하고 조직화된 제2차적 사회규범인 '법'이 생성되었다. 따라서 오늘날 사회생활에 있어서 발생하는 충돌이나 문제를 해결하기 위해서는 국가가 제정·시행하는 법에 호소해야 한다. 따라서 법학을 공부한다는 것은 인간사회에서 올바르게 사는 원리와 지식을 배우는 것이라고 할 수 있다(정의의 학문).

하지만 그동안 일반 시민은 현실생활에서 법에 대한 지식의 필요성을 알면서도 법을 경원시하였다. 한자(漢字)의 사용으로 인해 법률용어가 어렵게 되면서 일반인으로서는 법문의 내용을 이해하기 어려웠기 때문이다. 옛날 중국의 한 고조는 "법은 3장으로 충분하다"고까지 하였다. 하지만 최근에는 법에 대한 지나친 기대로 인해 수많은 법령이 제정·시행되고, 수시로 개정되면서 입법과잉으로 인해 법률가조차도 제대로 파악하기 힘들 정도로 복잡하고 어렵게 되면서 이러한 현상은 가중되고 있다. 또한 법이 정치권력과 결탁하여 피지배계급을 억압하는 도구로 종종 이용되기도 하고, 때로는 법이 본래의 목적을 떠나 법률가들의 자의적 해석을 통해 불평등하고 불공정하게 적용됨으로써 법에 대한 불신이 생기면서 '법은 지키는 사람이 손해'라는 잘못된 인식도 그 원인이 되고 있다. 뿐만 아니라 법에 의한 구제에 많은 시간과 비용이 소요됨에 따라 법에 의한 보호가 사람에 따라 차별적으로 되면서 '법'에 의한 해결보다는 물리적인 '힘'에 의지하게 되고, 다른 한편에서는 동양적 사고로 인해 전통적으로 '법'보다는 '정(情)'에 의한 해결을 선호하는 것이 영향을 미친 것으로 보인다.

그러나 민주주주의 사회에서는 법치주의가 국가의 기본철학이고 이념이므로 국민이면 누구나 법에 대한 최소한의 지식을 갖는 것은 민주시민으로서의 기본적인 소양이라고 하지 않을 수 없다. 따라서 법

률가가 아니더라도 누구나 법학에 대한 이해를 필요로 한다. 특히, 최
근의 법들은 사회발전에 따라 교통규칙, 위생규칙, 경제규범 또는 조
직규범 등과 같이 도덕적인 내용을 담고 있는 것보다는 기술적 색체
가 강한 법이 많이 제정·시행되고 있다. 그런데 "법의 부지(不知)는 용
서하지 않는다"는 법격언에서도 알 수 있듯이 법을 알지 못했다고 하
는 것은 면책사유가 되지 않으며, 자신의 행위가 위법함에도 불구하고
법률에 위반되지 않는다고 생각하고 행위한 경우, 즉 법률에 대한 착
오가 있는 경우에도 용서되지 않고 정당한 이유가 있는 경우에 한하
여 처벌되지 않을 뿐이다.[1] 따라서 현대인은 법에 대한 인식을 새롭
게 하고, 법에 관한 최소한의 기초지식을 가짐으로써 자신에게 주어진
권리를 최대한 누리는 것은 물론, 부당하게 침해되는 권리를 구제받을
수 있는 길을 모색할 필요성이 더욱 커지고 있다.

이러한 점에서 법학개론은 법학입문서로서, 법학에 관한 기초이
론과 원리를 그 내용으로 하며, 이에 대한 학습을 통해 법에 대하여
올바른 이해를 가지게 함으로써 현대인으로서 필요한 법적 소양을 기
르는 것을 목적으로 한다. 나아가 법학개론은 법률전공자나 법률실무
가들에게 있어서는 법적 기초지식을 배양하게 함으로써 헌법을 비롯
한 개별 실정법에 대한 심화학습에 대비하게 하는 한편, 건전한 리걸
마인드(legal mind) 즉 법적 사고를 형성하게 함으로써 이들이 올바른
법률가로 성장하는데 필수적인 도구로서 역할을 하게 될 것이다.

3. 법학은 무엇인가

법학은 법을 대상으로 하는 학문이요, 개별법에 관한 조직적 인식
의 체계에 관한 학문이다. 한편, 법학은 학문체계에 있어서는 실천적

---

1) 형법 제16조(법률의 착오) 자기의 행위가 법령에 의하여 죄가 되지 아니하는 것으
로 오인한 행위는 그 오인에 정당한 이유가 있는 때에 한하여 벌하지 아니한다.

과학에 속하며, 문화과학이면서 사회과학으로서 법에 관한 사회현상을 연구대상으로 한다. 이에 대하여 키르히만(J. H. von Kirchmann)은 '학문으로서의 법학의 무가치성'(1847년)을 주장하였다. 즉, 실정법이 매우 가변적이고 유동적인데 근거하여 "입법자가 세 마디만 수정하면 도서관의 모든 법학서가 휴지가 되고 만다"고 하면서, 학문으로서의 연구대상으로 적절하지 않다고 비판하였다.

그러나 법은 한 국가의 질서체계를 구성하는 것으로서 그 내용에 있어서 공통성을 가지고 있고, 일관된 항구적 요소가 존재하므로 변화하는 법현상 속에서도 통일성 있는 법적 원리 또는 원칙이 존재하게 된다. 따라서 법학은 현존하는 '법'이라는 인간의 제도를 연구·분석하는 학문임과 동시에, 한 국가의 고유의 법질서유지를 위하여 가치·정의·절대적이고 신성한 것 등을 다루고 성찰하는 것으로써 '있어야 할

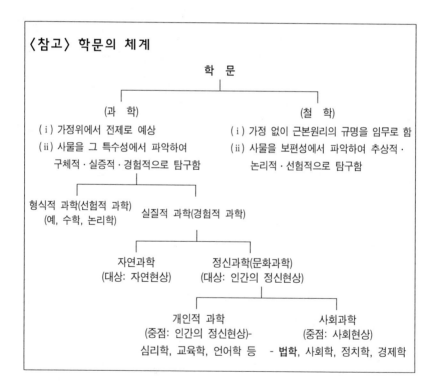

〈참고〉 학문의 체계

법'을 추구하는 학문이기도 하다.

4. 법학의 분류

법학은 학문으로서의 연구대상과 연구내용 및 연구방법에 따라 다양하게 분류되고 있다.

(1) 법해석학

법해석학(法解釋學)은 법에 관한 가장 일반적인 학문으로서, 현행 법규정에 대한 개별적이고 구체적인 해석을 통해 일반적이고 추상적인 현행 실정법질서의 규범내용을 체계적으로 인식하게 하는 것을 그 내용으로 한다. 주로 법학자들에 의해 수행되는 법해석학에 의한 연구결과는 입법에 있어서 원인이 되거나 참고자료가 될 뿐만 아니라 법관들이 재판을 함에 있어서 판단의 기초로 활용됨에 따라 법이 구체적으로 실현되는데 기여하는 실용적인 학문이다. 법해석학은 가장 좁은 의미의 법학을 말하며, 해석법학, 실용법학, 체계적 법학이라고도 한다.

(2) 법철학

법철학(法哲學, jurisprudence(영), Rechtsphilosophie(독))은 법의 근본원리를 탐구대상으로 학문으로서 법의 본질을 모색하고, 법의 목적 및 이념을 추구하며, 법학의 방법론을 확립하는 것을 목적으로 하는 학문이다(법리학). 법철학은 실정법학과 달리 그 대상으로 자연법이나 법의 본질 등의 실정법 이외의 영역을 탐구하는 분야로서, 법해석학과 더불어 가장 오래된 역사를 가진 법학영역이며, 실정법의 해석과 적용에 관한 이론적 근거와 법적 가치판단의 표준을 제시한다.

(3) 법사학

법사학(法史學)은 법사실학으로서, 한 국가 혹은 민족의 법질서와 법사상이 어떻게 생성·발전·소멸되어 왔는가를 역사적·사실적으로 분석·파악하여 현재의 법질서와 법사상을 입체적·동적으로 이해하고, 미래의 전망을 가늠해 보는 학문을 말한다. 법사학은 법제도의 역사 및 변천을 연구하는 법제사학과는 구분된다. 법사학에서는 법은 생성한 것으로서 파악하며, 그 연구결과는 법해석학, 법정책학, 법사회학 등에서 시사점을 제공하며, 중요한 연구자료가 된다.

(4) 법정책학

법정책학(法政策學, Rechtspolitik)은 실용법학의 한 분야로서 입법정책을 주요 연구대상으로 하는 학문이며, 일정한 법의 원리 또는 목적을 실정법화하는 것을 목적으로 하는 실천과학이다. 형사정책학, 비교입법학 등이 이에 속한다. 법정책학은 사회현상의 변화·발전에 따른 적절한 입법방안에 관한 학문으로서 현행법의 해석과 개정 및 폐지, 그리고 새로운 입법에 있어서 중요한 지침으로 작용하게 된다.

(5) 법사회학

법사회학(法社會學, sociology of law)은 법현상을 사회학적 방법에 의하여 역사적인 사회현상의 하나로 파악하고, 인접 사회현상(종교, 도덕, 정치, 경제) 내지 인접 사회형태(가족, 회사, 국가 등)와의 관계에서 그 성립·발전·변화·소멸의 법칙을 찾아내는 학문을 말한다(경험과학). 즉, 법사회학은 법 문언의 규명에 그치지 않고 법의 기초에 있는 사회적 사실을 규명하고, 사실의 관찰·경험 수집에 의하여 법의 본질의 해명에 좇으려 하는 것이다. 법사회학은 법을 연구대상으로 하지만 규범으로서의 법이 아니라 사실로서의 법을 대상으로 한다는 점에서 법해석학과 구분된다.

법사회학은 19세기 법해석학에 대한 반발로 시작된 것으로서 자유법론과 결탁하여 발전된 학문이며, "법철학의 역할을 현대에는 법사회학이 대신한다"(Radbruch)고 할 정도로 오늘날 법의 연구에서 매우 중요시되고 있다.

(6) 법심리학

법심리학(法心理學, legal psychology 또는 forensic psychology)은 심리학의 분야 중 하나로 법 시스템을 심리학적으로 접근하여 연구하는 학문으로서, 법의 성립과 작용을 심리학적 입장에서 연구한다. 법심리학 중에서 법과학(forensic)에 근거한 법정 심리학(forensic psychology)은 재판, 사법 등에서 작용하는 심리에 대해 연구한다. 따라서 법심리학자들은 일반적으로 기본적인 사회적·인지적 원리로서의 목격자 기억, 배심원 결정, 조사 및 인터뷰와 같은 법적 시스템상의 절차에 관여하거나 전문가증언, 변론자문에 응하기도 한다. 한편, 범죄자 프로파일링은 광의의 법심리학 또는 범죄심리학으로 분류된다.

(7) 기타

이외에도 법학에 관한 학문분야로는 (i) 여러 민족의 법생활·법제도의 비교연구를 통해서 법의 진화·발달에 관한 보편적인 법칙을 발견하는 것을 목적으로 법인류학(法人類學, 법민속학이라고도 함), (ii) 법(또는 그와 유사한 규칙들)을 경제학의 방법론, 즉 경제학적인 개념, 효율과 계량적 분석 등을 이용해 설명하는 법경제학(法經濟學), (iii) 법률텍스트(legal text), 범죄수사, 재판 및 사법절차 등 법 시스템에서 법해석의 법률적 맥락에 대한 언어지식, 언어학적 방법 및 통찰력을 적용하여 연구하는 법언어학(法言語學, legal linguistics 또는 forensic linguistics 또는 language and the law), (iv) 법의 형성과정의 하나로서 입법과정의 실증적 연구·조사를 근거로 해서 사회적 현실을 고려하여 법이념을 최대한 실현하기 위해서는 어떠한 내용·형식의 법률을 어떠한 절차로 제정하느냐를 연구하는 입법학(立法學) 등 다양한 연구분야가 있다.

(ⅰ) 법사실학 - 법을 외부적 현상으로부터 설명한다.
    - 법사회학, 법사학, 비교법학, 법심리학
(ⅱ) 법규범학 - 하나의 규범으로서 내부로부터 법을 연구한다.
    - 법해석학과 법철학
(ⅲ) 법정책학 - 이념과 결부시켜 법을 연구한다.

(ⅰ) 이론법학 - 법철학·법정책학 등을 포함
(ⅱ) 실천법학

(ⅰ) 법과학 - 법사학, 법정책학, 법해석학, 법사회학
(ⅱ) 법철학

제 2 장

법의 본질

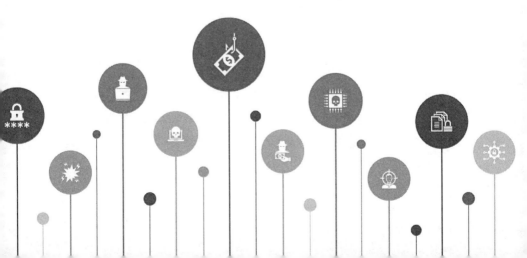

법의 본질

'법이란 무엇인가'라고 하는 법의 개념에 관한 문제는 법의 본질에 관한 것으로, 지난 2,500년 동안 법철학상에서 논의되어 왔지만 현재까지도 완전한 정의를 내리지 못하고 논란 중에 있다. 다만, 그동안의 연구성과를 기초로 하여 일반적으로 정의하면 '법은 국가라고 하는 정치적 권력에 의하여 승인되고 강제되는 사회규범'이라고 할 수 있다. 이를 분설하면 다음과 같다.

1. 법은 규범이다

법은 인간에 의해 설정된 사회적 목적, 즉 공동체의 질서유지와 구성원들을 행복한 삶의 추구라고 하는 공동목적을 달성하기 위하여 인간과 인간의 결합으로 이루어지는 사회구성원의 행태를 규율하는 규범이다. 따라서 법은 구성원 모두의 공동선(共同善)을 목표로 하고, 그 사회의 도덕, 종교, 관습 등 모든 가치요소를 기준으로 하며, 보편적인 인간의 이성에 기초를 둔 합리적인 것이어야 한다.

또한 법은 규범이므로 그 사회구성원들에게 '하여야 한다'(명령규범) 또는 '하지 못한다'(금지규범)라고 하는 행위의 기준을 제시하되, 이들의 자유로운 의사에 기한 위반가능성을 전제로 하고 있다. 그 예로, 민법 제914조에서는 "자(子)는 친권자의 지정한 장소에 거주하여야 한다"라고 규정하여 명령규범을 그 내용으로 한다. 반면에, 형법 제250조에서는 "사람을 살해한 자는 사형, 무기 또는 징역 5년 이상의 형에 처한다"고 규정함으로써 '사람을 살해해서는 아니 된다'는 금지규범을 그 내용을 한다.

〈참고〉 규범과 자연법칙의 관계

가. **방법이원론** – 칸트(Immanuel Kant) 이후 법을 존재의 법칙인 자연법칙과 구별하여 당위의 순수한 규범으로 파악하는 견해이다(순수법학). 이 입장에서는 양자는 상호 견제를 통해 사회질서를 유지한다고 본다. 한편, 켈젠(Hans Kelsen)은 존재와 당위를 구별하고, 법단계설을 주장하였으며, 하위법은 상위법으로 부터 그 당위적 효력을 위임받는다고 하였다(근본규범 – 헌법 – 법률 – 명령, 규칙).

자연법칙	규 범
자연법칙은 객관적인 세계에 엄존하는 인과관계를 표시하는 법칙으로 기계적이고 필연적이다. - 절대적인 자연의 섭리	규범은 인간의 이상을 실현하고자 정한 것으로 마땅히 따라야 할 인간행동의 준칙이다. - 이것은 그 사회의 문화에 따라 상이하고, 합목적적·명령적이며, 가치판단을 수반한다. - 그 이면에는 위반하는 자를 예정하고 있다.
천정법(天定法) - 존재의 법칙 (to be)	인정법(人定法) - 당위의 법칙 (ought to be)
천문지리학, 물리·화학의 법칙, 동·식·광물학의 법칙	종교, 도덕, 예의, 법률

나. **방법일원론** — 규범과 법칙의 경계가 명확하지 않으므로 양자를 구별하지 않고 보다 넓은 개념인 '질서'라는 개념으로 파악하면서, 자연에는 확실한 질서가 있으며, 이것은 적용되는 사물의 본성에 따라 차이가 있을 뿐이라고 한다. 그 예로 (ⅰ) 순수한 물은 1기압 100℃에서 끓는다. (ⅱ) 크로바잎은 일반적으로 3개이지만, 4개, 5개가 있는 경우도 있다. (ⅲ) 성행위는 짐승에게는 종족보존을 위한 자연법칙이지만, 인간에게는 종족보존 외에 쾌락이나 심지어 영업행위로 행하는 경우도 있다고 한다.

이 견해에서는 법을 존재와 당위 사이에 있는 사물의 본성 내지 질서로 파악하였다. 즉, 법은 상대적이면서도 절대적인 규범으로 파악하였다. 파스칼(Blaise Pascal)은 "피레네산맥 이쪽에서의 정의가 저쪽에서는 부정의이다"라고 하였다(팡세, Pensees). 여기서 규범은 인간본성에 적용되는 독특한 질서로서 올바른 인간행위의 기준을 의미한다. 즉, 인간은 정신적 요소와 물질적 요소로 구성되어 있으며, 의도적으로 자연질서를 벗어날 가능성이 있으므로 자연질서와 인간행위를 조화시키기 위한 작용이 필요하며, 이것을 규범이라고 하였다. 또한 인간의 사회생활은 법칙적인 자연생활과 가치적인 인간생활의 종합현상(하나의 유형)이며, 이러한 자연법칙과 인간가치의 연결점이 곧 사회법칙으로서 법이라고 하였다. 따라서 법의 존재론적 구조는 규범적 구조와 존재적 구조의 양면성을 띤다고 한다.

2. 법은 사회규범이다

법은 인간의 사회생활에 관한 규범이다. 따라서 "사회 있는 곳에 법이 있다." 즉, 사회에는 구성원들 간에 복잡한 이해관계가 대립하고 끊임없이 충돌되고 있으므로 사회의 유지·발전을 위해서는 통일된 규율을 필요로 한다. 법은 이러한 대립과 그로부터 발생하는 분쟁을 해결하고, 반사회적인 행위에 대하여 다양한 제재를 통해 사회적 결합을 확보하고 강화하는 역할을 수행하는 규범이다.

이러한 법은 오늘날 가장 강력한 통일적인 권력을 가진 사회인 국가라고 하는 정치체제에 의해 승인된 것으로서, 국가라는 정치적으로 조직된 사회를 규율하는 법칙을 말한다.

3. 법은 강제규범이다

법은 국가에 의한 강제가 뒷받침된 규범이다. 즉, 법은 그 내용을 위반할 때에는 국가에 의한 제재가 수반된다는 점에서 다른 사회규범(도덕, 종교, 관습)들과는 구별된다. 여기서 강제는 형벌, 손해배상, 강제집행 등의 물리적 강제·객관적인 강제를 의미하지만, 법의 위반에 대하여는 강력한 제재가 부과된다는 점으로 인해 심리적 강제를 느끼기도 한다. 따라서 법은 일단 제정되고 나면 모든 국민은 이를 지킬 수밖에 없게 된다. 이처럼 법은 국가에 의해 강제된다는 점에서 사회규범 중에서 가장 강력함과 권위를 가지는 한편, 상대적으로 그에 상응하는 책임을 갖게 된다. 따라서 이때의 '법'은 정당한 정치권력에 의해 정당한 방법으로 제정한 것, 즉 국가에 의해 정당하게 승인된 법을 말하며, 성문법·불문법을 포함한다.

> • 예링(Rudolf von Jhering) - 강제가 없는 법은 타지 않는 불꽃이다.
> • 켈젠(Kelsen) - 법에 있어서 강제는 본질적 속성이다.
> • 파운드(Roscoe Pound) - 법은 정치적으로 조직화된 사회의 '강제력'의 체계적 사용을 통한 '사회통제' 수단이다.

그러나 법의 모든 내용이 강제되는 것은 아니고 당사자가 그의 의사에 의하여 적용을 배제할 수 있는 임의규정도 존재한다. 임의규정은 법의 내용 보다 당사자의 의사가 우선하게 되므로 당사자의 의사가 없거나 명확하지 않은 경우에 적용되며, 주로 사적 자치가 강조되는 사법(私法)영역에 많다. 그 예로는 민법상 채무의 변제는 채무자가 부담하여야 하지만 당사자 간에 특별한 의사표시가 없었다면 제3자도 변제할 수 있도록 하고 있다(제469조). 또한 형법상에서도 미수범의 형은 기수범보다 감경할 수 있도록 함(제25조)으로써 미수범의 형의 감경은 법관의 재량에 맡겨져 있다. 이처럼 임의규정은 원칙적으로 법의 효력면에 있어서 우선하여 적용되는 것은 아니지만 당사자의 의사가 없거나 명확하지 않은 경우로서 당사자에게 이 규정의 적용을 배제한다는 뜻이 없으면 이 규정에 따라 법률관계가 정하여지며, 강행규정과 마찬가지로 법적 효력을 갖게 된다.

> 〈참고〉법은 정의라는 법이념을 향한 문화규범임을 주장하는 견해:
> 문화란 인간이 현실에서 가치를 향하여 노력하는 가운데서 생성되는 업적 내지 산물을 말한다. 학문도 진리 그 자체는 아니지만 진리를 향하여 노력하고 있다는 데서 학문성을 갖는다. 마찬가지로 법이 법으로 인정되는 것은 법이 정의 그 자체는 아니지만 무엇보다도 정의를 향하여 강하게 노력하고 있는 규범이라는데 있다는 것이다. 라드브루흐(Radbruch)는 "법은 법이념에 봉사하는 의미 있는 현실"이라고 하였다.

4. 법과 구별되는 개념

법률은 법과 같은 뜻으로도 사용되기도 한다. 법률학, 법률철학, 법률지식의 경우라고 표현하는 것이 대표적이다. 하지만 법률은 좁은 의미로는 국가제정법 또는 헌법상의 절차, 즉 국회에서 의결하여 대통령이 공포함에 의해 법률로서 제정된 것을 말한다. 헌법 제12조 제1항에서는 "누구든지 법률에 의하지 아니하고는 체포·구속·압수·수색 또는 심문을 받지 아니하며, 법률과 적법한 절차에 의하지 아니하고는 처벌·보안처분 또는 강제노역을 받지 아니한다"고 규정하고 있는데,

이때의 법률은 좁은 의미의 법률을 말한다.

또한 법규는 법규범을 의미하는 것으로 사용되는 경우도 있지만, 제정법을 가리키는 경우가 많다. 그리고 법질서는 개개의 법을 체계적 전체로 파악하여 일컫는다는 점에서 개별법을 총칭하거나 개개의 법 자체를 의미하는 법(법률) 또는 법규와 구별된다.

한편, 법은 권리와도 구분된다. 권리는 특별한 이익을 누릴 수 있는 법률상의 힘을 말하며, 따라서 권리는 법의 규정에 의해 구체적 · 개별적으로 갖게 된 것이다. 예를 들면, 형법 제250조에서 살인죄를 처벌함에 의해 사람의 생명권이라고 하는 권리를 보장하고 있는 것이다.

제 3 장

법과 다른 사회규범

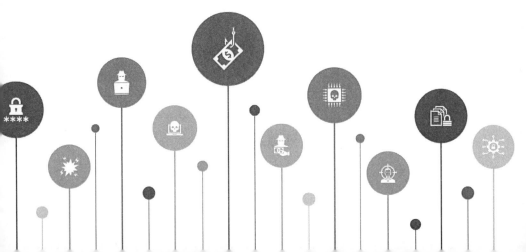

법과 다른 사회규범

1. 법과 도덕

도덕은 인간으로서 당연히 지켜야 할 사회적인 도리를 말한다. 고대에서 중세에 이르기까지 법과 도덕은 뚜렷하게 구별되지 않았지만 근대에 들어서면서 양자를 구별하기 시작하였다. 그러나 법과 도덕의 관계는 "법철학의 희망봉(Cape Horn)"(예링, Jhering)이라고 할 만큼 중요하면서도 쉽게 정의할 수 없는 문제로 남아 있다.

(1) 법과 도덕의 구별

법과 도덕은 다음과 같이 여러 가지 측면에서 상호 구별되는 것으로 지적되고 있다. 그러나 이러한 구별은 후술하는 것처럼 반드시 명확한 것은 아니어서 논란이 되고 있다.

1) 구체적 기능이나 적용영역

도덕규칙은 인간의 고유목적인 인간다운 삶을 지향하는 모든 질서규칙을 포함하는 것으로서, 자신만의 관계에서건 여러 주체 간의 관계에서건 상관없이 모든 측면에서 올바른 것을 추구한다. 반면에, 법적으로 옳은 행위란 사람들 사이에서 '선(善)의 몫을 올바르게 나눈다'는 특정한 외적 관계에 국한되는 것으로서, 여러 주체 간의 관계에서 각자의 행위한계를 설정하는 것이다. 따라서 법은 언제나 2이상의 주체를 전제로 하며, 이들 간의 관계에서 최소한의 정의를 실현하거나 질서를 유지하는 것을 목적으로 한다. 따라서 도덕규칙은 법규칙을 제정함에 있어서 지침이나 골격은 될 수 있지만 법규칙 자체와는 구별된다(토마지우스, St. Thomasius).

하지만 형법에서는 자기 자신에게 상해를 가하는 자상행위(自傷行爲)는 원칙적으로 처벌하지 않지만 병역의무를 회피하기 위한 경우에는 병역법위반으로 처벌하는 경우가 있는 등, 법의 영역에서도 행위가 반드시 2 이상의 주체 간에 행하여질 것을 요하지 않는 경우도 있다.

2) 관심방향

도덕은 심정(心情)의 규율로서 내면적인 동기나 의도가 그 판단의 중심이 된다. 반면에, 법은 행위규범으로서 행위와 이에 의한 외부적 결과, 즉 외부적 행태를 기준으로 판단한다.

하지만 도덕도 무례한 행동과 같이 외부에 표현되어 행동으로 나타나는 경우에는 외부적 결과가 평가의 대상이 된다. 또한 법에서도 고의·과실 등의 내면적 동기가 인정되어야 민사상 책임이 인정되거나 범죄의 성립이 인정되고, 일부 범죄에 있어서는 특별한 동기나 목적 등 주관적 사정이 범죄의 성립이나 처벌의 정도를 결정하는 기준이 되기도 한다.

3) 목적주체

도덕은 자기 자신에 대한 규범이므로 의무자 자신이 목적주체이며, 따라서 행위자인 의무자에 대응한 특정의 권리자는 존재하지 않는다. 반면에, 법은 그 목적주체가 행위자인 의무자 이외에 따로 존재하므로 타인을 지향한 규범이며, 따라서 일반적으로 권리자와 의무자의 대립을 전제로 한다.

하지만 자기와 타인과의 관계란 상호적·상대적일뿐만 아니라 공법영역에 있어서는 적용대상에 대한 의무만을 규정한 경우도 많다. 더구나 도덕도 사회규범이므로 도덕의 의무성도 법의 경우와 같이 '사회'라는 대상을 전제로 한다는 점에서 타인을 지향하는 성격을 내포하고 있다.

4) 의무방식

도덕은 도덕성을 요하며, 이것은 규범에 적합한 심정을 의미하는 것으로 행위자가 무한한 자기채무를 지게 된다. 반면에, 법은 합법성을 요하며, 따라서 행위자의 윤리적 동기 등 내적 심정에 상관없이 법규정에 적합한 행태이면 적법한 것으로 된다. 한편, 라드브루흐(Radbruch)는 의무부과의 단계가 아닌 의무의 내용을 확정하는 단계에서 도덕과 법을 구별한다. 즉, 법은 도덕의 밖에 존재하면서, 종국적으로는 도덕적 가치를 실현하기 위한 수단으로서 도덕과 나란히 구별하여 존재한다고 하였다(도덕의 왕국에로의 법의 귀화).

하지만 법에서도 도덕적 요소가 적법성의 판단기준이 되기도 한다. 즉, 민법상 의무이행이 신의성실에 반하는 경우에는 완전한 이행으로 인정하지 않으며(민법 제2조), 형법상 부작위범에 있어서 신의성실의 원칙에 따른 작의의무위반을 범죄성립의 요소로 인정하기도 한다.

5) 실효성의 연원

도덕은 행위자가 자신의 고유한 인격을 통하여 스스로 준수하는 성질을 띤다(자율성). 반면에, 법은 객관적인 제재라고 하는 외부에서 부과하는 강요에 의해 실현되는 성질을 띤다(타율성).

하지만 도덕위반의 행동을 하고 싶지만 타인의 비난이 두려워 행하지 못하는 경우에는 이것을 자율적으로 보기 어려우며, 이처럼 도덕도 하나의 사회규범으로서 행위자가 속한 외부사회부터 구성원에게 요구된다는 점을 고려하면 타율적이라고 할 수 있다. 또한 법적 의무라고 하더라도 행위자가 법에 의한 강제에 따른 것이 아니라 자발적으로 이행하는 경우에는 자율적이라고 할 수 있다.

6) 제재의 유무

도덕에 위반한 경우에는 원칙적으로 심리적 비난이 가해지게 되며, 양심적 가책 또는 배척, 경멸과 같은 사회적 제재를 받는데 불과하다. 반면에, 법에 위반한 경우에는 국가에 의한 물리적 강제가 직접 가해진다.

하지만 법 위에 군림하면서 국가권력을 통제하는 통치자나 그 추종세력에 대해서는 법 위반행위를 하더라도 법에 규정한 제재가 현실적으로 집행되지 않는 경우도 많다. 또한 사회구성원 간에 유대가 강하고 친밀도가 깊은 사회의 경우에는 법적 제재보다 도덕적 비난이 더욱 강하고 현실적인 제재가 되기도 한다.

7) 추구목적

도덕은 개인생활규범으로서 개인의 인격완성을 최고목표로 한다. 반면에, 법은 사회생활규범으로서 사회생활의 질서유지를 주된 목표로 한다.

하지만 규범은 원래 사회생활을 전제로 하는 것으로 사회적인 것이며, 따라서 도덕규범도 대부분은 사회생활규범으로서 타인과의 관계에서 문제된다.

8) 성립

도덕은 자연적으로 발생된 것으로 인간 상호간에 이성적·감정적으로 발전되어 온 것이다. 반면에, 법은 국가가 법으로 승인함으로써 비로소 성립된다.

하지만 자연발생적으로 생겨난 관습이나 조리도 경우에 따라 법원으로 작용하기도 한다. 민법 제1조에서는 "민사에 관하여 법률에 규정이 없으면 관습법에 의하고 관습법이 없으면 조리에 의한다"고 규정하고 있으며, 민법 제106조에서는 "법령 중의 선량한 풍속 기타 사회질서에 관계없는 규정과 다른 관습이 있는 경우에 당사자의 의사가 명확하지 아니한 때에는 그 관습에 의한다"고 규정하고 있다.

	도 덕	법
구체적 기능과 적용영역	모든 측면에서 올바른 것 추구	여러 주체 간에 행위한계 설정
관심방향	내면적인 동기나 의도	외부적 결과
목적주체	자기 자신에 대한 규범	타인을 지향한 규범
의무방식	도덕성	합법성
실효성의 연원	자율성	타율성
제재의 유무	심리적 비난	물리적 강제
추구목적	개인의 인격완성	사회생활의 질서유지
성립	자연발생	국가의 인정

(2) 법과 도덕의 관계

법과 도덕의 관계에 대하여 법실증주의자 입장에서는 법을 국가가 제정하는 것이라고 하여 도덕과 명확히 구별하며, 따라서 양자의 관계를 특별히 고찰할 필요가 없다고 한다. 반면에, 자연법론자들은 법은 도덕적 질서의 일부라고 하면서, 법과 도덕의 결연관계를 인정한다.

하지만 법은 그 사회의 정당한 정치권력이 사회의 공동선(共同善)을 위하여 자연질서에 근거를 두고, 그 사회의 도덕, 관습, 필요성 등 합리적 가치요소들을 반영하여 정당한 방법으로 제정되거나 확인·적용되는 강제적 사회생활규칙이며, 여러 주체들 간의 관계에서 최소한의 정의실현 내지 질서유지를 내용으로 한다. 따라서 법과 도덕은 그 원천이나 내용에 있어서 밀접하게 연결되어 있고, 효력면에서도 상호보완적 작용을 하고 있다.

〈참고〉 자연법사상과 법실증주의의 대립

가. **자연법론** – 자연법의 원리를 근거로 제정된 실정법만이 유효하다고 한다. 자연법은 이와 같이 국가의 법이 준수하여야 할 법규범을 말한다. 다만, 그 의미는 시대에 따라 다르다. 즉, (i) 고대 그리스시대에는 삼라만상의 우주의 질서원리에서 연속된 개념으로 보았고, (ii) 중세에서는 신의 뜻에 따라 사는 바르게 사는 원리로 보았으며, (iii) 근대에는 인간의 본성과 이성에 기초한 합리적인 질서로 정의하였다. 그러나 (iv) 현대에 이르러 자연법은 인간의 본성과 사물의 본성에 근거하여 시대와 민족, 국가와 사회를 초월하여 보편타당하게 적용되는 객관적 질서로서 정의되고 있으며, 그것의 역사성·내용가변성·구체성이 강조됨으로써 다양한 내용을 가진 개념으로 파악되고 있다.

나. **법실증주의** - 주권자가 제정한 규범에 대해서만 법적 성격을 인정하는 견해로서, 법규범의 형식적 존재만을 그 연구대상으로 한다. 이 입장에서는 "악법도 법이다(dura lex, sed lex)"이므로 시민들은 이를 준수하여야 한다고 한다. 여기서 '실정법'이란 특정한 시대와 특정한 사회에서 효력을 가지고 있는 법규범을 말하며, 성문법과 불문법을 모두 포함한다.

1) 공통근거

법과 도덕은 모두 인간행위를 자연이나 인간본성의 올바른 경향 또는 목적에 합치 또는 조화시켜 주는 올바른 행위의 기준을 포함하는 자연질서를 근거로 하고 있다는 점에서 공통성을 가진다.

2) 내용의 공통성

법은 사회생활의 기준이 되므로 그 사회의 합리적 가치요소, 즉 도덕·종교·관습·사회적 필요성 등을 반영하여 규정된다. 이 중에서도 법은 그 사회가 가지고 있는 보편적 가치를 내용으로 한다는 점에서 도덕적 요소를 많이 포함한다. 즉, 도덕 중에서 그 준수를 강제할 필요가 있는 것은 법에 규정하고, 이에 위반하는 경우에는 제재를 가함으로써 도덕을 실천하게 하는 것이다. 따라서 도덕은 실정법 내부를 순환하고 있다고 할 수 있으며, 이 경우 법과 도덕은 수단과 목적의 관계가 된다(리페르, Georges Ripert). 이러한 점을 고려하여 예링(Jhering)은 "법은 최소한도의 도덕이다"라고 하였다.

3) 내용의 상호침투

법은 사회가 변화함에 따라 신질서에 필요한 새로운 도덕률을 받아들이는 동시에, 법에 의하여 일정한 행위가 반복됨에 따라 변화되는 사회현상에 적합한 새로운 도덕규범으로 형성되기도 한다. 현행법상 도덕이 법규정에 반영된 것으로는 '신의성실의 원칙', '형평', '선량한 풍속', '사회상규' 등이 있으며, 법의 내용이 오랜 세월동안 반복됨에 따라 도덕화된 것으로는 '우측통행' 등이 있다.

4) 효력상 상호부조

일반 시민은 일반적으로 도덕적으로 살려는 경향에 있으므로 도덕은 법의 유지와 안전성에 기여하게 된다. 특히, 도덕적 내용을 갖는 강간, 도박 등의 죄에 있어서 큰 의미를 갖는다. 또한 '타인의 물건을 훔쳐서는 아니 된다'라거나 '사람을 살해해서는 아니 된다'라고 하는 등 도덕 중에서 중요한 것은 법에 규정하여 강제함으로써 그 유효성을 최대한도로 유지하고자 한다. 이에 슈몰러(Gustav von Schmoller)는 "법은 최대한도의 도덕이다"라고 하였다.

한편, 행정법, 상법 등 기술적인 사항을 담고 있는 법은 그 내용에 있어서 도덕과 직접적인 관련성이 없지만, 일단 제정되고 나면 법을 지켜야 한다는 도덕의식, 즉 준법의식에 의해 그 실효성이 뒷받침된다는 점에서 도덕과 관련성을 갖는다.

(3) 소결

도덕은 기본적으로는 실정법 전체를 그 외적 부분에서 지도하고 있으며, 인간이 만든 불완전한 실정법의 내용을 비판·보완하는 작용을 하기도 하고, 법의 진화를 도모하여 합리적이고 이상적인 법으로 발전시키기도 한다. 따라서 도덕은 법의 타당근거이고, 목적이 되며, 그 이상(理想)으로 작용하는 것이라고 할 수 있다.

┌───┐
〈참고〉 법과 예(禮)

가. 예의 의의 — 예는 사람이 마땅히 지켜야 할 의칙(儀則)을 말한다. 이러한 예는 도덕규범, 종교규범, 관습규범의 혼합체로서, 특히 사회규범이 미분화된 상태에서 중요한 역할을 한다. 동양의 전통사회에 있어서는 법은 도덕이나 예규범의 실천을 위한 보조물로서 인식되고 있다.

나. 법과 예의 구별 – 법과 예는 다음의 점에서 구별된다. (i) 예는 사전에 국민을 선도하여 악행을 방지하는데 그 목적이 있는 반면, 법은 이미 이루어진 악행에 대한 사후처벌을 그 내용으로 한다. (ii) 예는 인간의 본성에서 나온 것으로 실정법에 우월한 것으로 보지만(이점에서 자연법과 유사한 기능을 가짐), 법은 인간이 만든 것이다. (iii) 예는 의무만을 강조하고 권리를 무시하지만, 법은 권리와 의무를 그 내용으로 한다.

다. 법과 예의 관계 — 역사적으로 보면 조선시대에는 유학의 발달로 인해 법보다 예가 중시되었다(법과 예의 미분화상태). 그러나 개화 후에는 법의 독자성이 강조되었으며, 현재에 이르러서는 예가 여전히 강조되지만 법이 더욱 중시되고 있다.
└───┘

┌───┐
〈참고〉 상황윤리: 상황윤리란 실용주의, 상대주의, 실증주의, 인격주의에서 출발한 것으로서 윤리의 내용을 상황중심적이며, 구체적으로 판단하고자 하는 것을 말한다. 즉, 윤리적 결단을 관례적으로 행할 수는 없고, '이웃을 위한 사랑'의 명령성과 '상황의 상대적 사실'의 자발성이 합쳐서 규범성을 형성한다고 하는 이론이다. 그 기초원리는 (i) 본질적으로 선한 것은 사랑이다. (ii) 사랑만이 유일한 규범이다. (iii) 사랑과 정의는 같다. (iv) 사랑은 태도의 문제이며, 곧 의지이다. (v) 사랑은 수단을 정당화한다. (vi) 사랑의 결단은 상황적이고 관례적이 아니다 라는 것 등을 내용으로 한다.

그러나 이 입장은 법에 대한 예외적인 경우를 지나치게 강조하며, 윤리적으로 비난받지 않는다고 해서 법적 책임을 모면할 수 없다는 사실을 간과하고 있다.
└───┘

2. 법과 종교

(1) 종교의 사회규범성

종교란 인간의 정신문화 양식의 하나로서, 무한(無限)·절대(絕對)의 존재로서 초인간적인 신을 숭배하고 신성하게 여겨 선악을 권계(勸誡)하고 행복을 얻고자 하는 일을 말한다. 종교는 순 개인적인 내면적 존재에 그치지 않으며, 신자는 단체를 형성하고, 교의(敎義)가 성립되며, 교리에 기반한 특유의 질서가 이루어져서 그 사회생활을 규율하는 기능을 하게 되므로 사회규범으로 작용하게 된다.

(2) 법과 종교의 구별

법과 종교는 그 속성이 어떤 권위에 대한 복종을 요구한다는 점에서는 공통한다. 또한 법학과 신학은 절대적인 것을 추구하며, 독단적인 성격을 가진다는 점에서 매우 유사하다. 이점에서 "법률가는 세속적인 성직자"라고도 한다. 그러나 법과 종교는 다음의 점에서 구별된다.

1) 생성

종교는 사회의식 속에 있는 절대자에 대한 신앙에 그 본질이 있다. 그러나 법은 국가라고 하는 정치권력에 의하여 승인되고 지지된다. 또한 동일국가 내에도 수개의 종교가 공존하기도 하고, 국가와 민족, 인종을 초월하여 공통된 종교를 가지기도 한다. 반면에, 법은 원칙적으로 그 법을 제정한 당해 국가 내에서만 적용되며, 동일한 내용에 대하여 2개의 법이 존재하지도 않고 존재해서도 아니 된다.

2) 대상

종교는 절대자에 대한 마음속으로부터의 귀의를 요구한다. 반면에, 법은 외부적 행위를 규율한다. 설령 종교가 종교적 계율을 지킬 것을 요구하므로 외부적 행위를 규율한다고 하는 측면이 있더라도 내면적인 규범성에서 법과 차이가 있다.

3) 강제성의 유무

종교는 근대 이후 정교분리가 이루어진 후에는 물리적 강제력을 상실하였다. 반면에, 법은 강제규범으로서 이에 위반한 경우 국가에 의한 물리적 제재가 가하여진다. 다만, 일부 국가에서는 종교적 계율을 어긴 경우에는 종교적 집단이나 종교에 근거를 둔 관습에 의하여 민간차원에서 국가에 의한 제재 이상의 물리적 제재가 가해지는 경우가 있다.

4) 실현 가능성

종교의 도덕률은 사실상 거의 실현 불가능하고, 따라서 각인에게 모든 계율을 지킬 것을 요구하는 것은 아니고 사람들을 위로해 가면서 가능한 범위 내에서 그 실현을 도모한다. 반면에, 법은 사회평균인이면 누구나 실현 가능한 것을 그 내용으로 한다.

	종 교	법
생성(본질)	절대자에 대한 신앙이 본질	국가에 의해 승인
대상(내용)	절대자에 대한 귀의(歸依) 요구	외부적 행위를 규율
위반시 강제성유무	물리적 강제 없음	물리적 강제를 수반함
내용의 실현가능성	누구나 실현 불가능	사회평균인은 실현 가능

(3) 법과 종교의 관계

역사적으로 보면 고대에는 법과 종교가 밀접하게 관련되어 있었으며, 국가가 제대로 정비되기 전이었을 뿐만 아니라 문명이 발달하지 못하였기 때문에 종교적 규범이 곧 법적 규범으로 작용하였다. 그 예로는 Taboo, 화랑5계, 모세십계명 등을 들 수 있다. 또한 중세에 이르러서는 서구사회의 경우 기독교의 부흥으로 인해 신학이 모든 것에 우월한 규범이 됨에 따라 법학도 신학의 일부가 되었으며, 신정일치(神政一致)에 의하여 종교가 국가와 사회를 지배하였다. 그 예로는 중세의 신성로마제국, 회교·유교·불교국가들을 들 수 있다.

그러나 근대 이후에는 정교분리가 이루어지면서 교회법은 종교내부에서만 적용되는 자치법이 되고, 실제 생활관계에서는 법이 사회를 규율하는 최우선규범으로 자리잡게 되었다. 다만, 실정법은 기본권으로서 최대한 종교의 자유와 가치를 보장하고 있으며(헌법 제20조), 일부 국가에서는 종교가 여전히 그 사회의 중요한 가치적 요소로서 작용함에 따라 종교의 규율이 법규 내용에 영향을 미치는 경우도 존재한다. 그 예로는 소송절차상 선서제도, 회교국의 일부다처제나 남녀차별 및 절도 등에 대한 엄한 형벌 등을 들 수 있다.

〈참고〉 **종교의 자유:** 종교의 자유는 신앙의 자유, 종교적 행위의 자유, 종교적 집회·결사의 자유를 그 내용으로 한다. 한편, 종교는 그 율법이 초자연적인 연원에서 유래한다는 점에서 도덕과 구분된다.

* 헌법 제20조 ① 모든 국민은 종교의 자유를 가진다.
  ② 국교는 인정되지 아니하며, 종교와 정치는 분리된다.

---

3. 법과 관습

(1) 관습의 의의

관습이란 어떤 사회의 구성원 사이에서 모방적으로 반복됨에 따라서 무의식적으로 점차 올바른 행위의 기준으로 인정되는 동일한 행위태양을 말한다. 이를 관행(慣行)이라고도 한다. 관습은 단순한 개인의 습관과는 구별된다. 이러한 관습은 사회생활상에서 하나의 준칙으로 작용하며, 역사적 전통을 근간으로 하여 그 사회에서 오랜 세월동안 반복되어 온 평균적이고, 사실적인 생활양식이 규범화한 것이다. 이러한 관습이 사회의 법적 확신 또는 법적 인식에 의하여 지지될 정도에 이르면 사회의 중심세력은 그것을 법적 규범으로 승인하고 강행하게 되는데, 이를 '관습법'이라고 한다.

관습은 '사실성'에 기초한 것으로 이상적인 요소가 결핍되어 있다는 점에서 정의의 이념에 의해 뒷받침되는 법이나 선(善)으로의 노력을 내용으로 하는 도덕과 구분되며, 합목적성을 추구하는 기술과도 구별된다.

(2) 법과 관습의 구별

1) 강제성의 유무

관습은 이에 위반하더라도 사회의 비난을 받는데 불과하다. 반면에, 법은 국가의 조직적인 힘에 의하여 그 내용이 강제된다. 다만, 경우에 따라서는 관습위반에 대해서도 그 사회 내에서 자체적으로 일정한 물리적 강제가 가하여지는 경우가 있다.

2) 구체적 기능

관습은 그 사회구성원들에 의해 오랜기간 동안 반복되어 오면서 형성된 생활양식이므로 그 내용이 추상적이고 명확하지 못하기 때문에 그 행위한계가 명확하지 않다. 반면에, 법은 명문의 규정이나 판례 등을 통해 그 의미와 한계가 명확하게 된다는 점에서 각자의 행위한계를 분명히 설정하고 있다.

3) 사회의 조직화 여부

관습은 사회 다수 구성원 사이에서 오랫동안 모방·반복되어 오면서 자연적으로 생성된 것이다. 반면에, 법은 국가라고 하는 조직화된 사회의 조직화된 힘을 배경으로 그 사회의 질서유지를 위해 인위적으로 만들어진 것이다.

4) 자주성 유무

관습은 그 효력의 발생이 원칙적으로 개개인의 자발적인 복종에 근거하고 있을 뿐만 아니라 관습에의 복종도 언제든지 철회가 가능하다. 반면에, 법은 그 위반에 대해서는 국가에 의해 강제적인 제재가 부과되므로 타율적으로 따르게 되며, 법은 지키지 않을 수 없다. 다만,

	관 습	법
강제성 유무	사회의 비난	국가에 의한 강제
구체적 기능(행위한계)	행위한계가 불분명	행위한계가 명확함
사회의 조직화 여부	사회구성원 사이에서 자연적으로 생성	조직화된 국가의 조직화된 힘에 의해 만들어짐
자주성 유무	자발적인 복종	일정한 의무부담에 따른 강제

사람들은 살아오는 동안 경험적으로 익숙해지면 관습을 맹목적으로 따르게 되므로 관습을 존중하는 사람들에게는 관습이 법에 준하는 타율성을 갖기도 한다.

〈참고〉 **관습과 도덕의 구별:** (i) 관습은 주로 외부적 행위·결과에 중심을 두고 있는 반면, 도덕은 내부적 심정에 중심을 두고 있고, (ii) 관습은 타율적 성격이 강한 반면, 도덕은 자율적 성격이 강하며, (iii) 관습은 여러 주체들 간의 행위한계를 설정하는 내용을 담고 있는 반면, 도덕은 자신과의 관계에서 행위한계를 설정한다.

(3) 법과 관습의 관계

원시사회에서는 국가의 형태가 충분히 갖추어지지 않은 상태이었으므로 관습이 원시규범으로써 전면적으로 사회규제의 역할을 수행하여 왔다(습속의 노예). 그러나 근대사회로 오면서 사회의 발달과 인구의 증가 및 경제생활의 복잡화로 인해 관습은 분화작용을 겪게 되었다. 즉, 관습의 내면성은 도덕으로, 외면성은 법으로 흡수된 것이다. 이에 짐멜(Simmel)은 "관습은 법과 도덕의 형태를 각각 다른 방향으로 출발시키는 미분화상태이다"라고 하였다.

따라서 관습은 실제적으로 오랜 세월동안 그 사회의 구성원들사이에서 자연스럽게 확립된 생활질서이므로 '공서양속'이라는 이름 등으로 법체계 속에 포함되어 존중되고 있다. 민법 제106조에서는 "법령 중의 선량한 풍속 기타 사회질서에 관계없는 규정과 다른 관습이 있는 경우에 당사자의 의사가 명확하지 아니한 때에는 그 관습에 의한다"고 규정하고 있고, 형법 제20조에서는 "법령에 의한 행위 또는 업무로 인한 행위 기타 사회상규에 위배되지 아니하는 행위는 벌하지 아니한다"고 규정하고 있다. 따라서 법의 내용이 관습을 무시하게 되면 법의 실효성을 기대하기 어렵게 된다. 그 예로는 건전가정의례의 정착 및 지원에 관한 법률에서 가정의례준칙을 정하고 있으나 우리 사회의 보편적인 관습과 맞지 않아서 제대로 지켜지지 않고 있는 것을 들 수 있다. 과거에 설날과 관련하여 당시 정부가 세계적 추세에 따라 양력 1월 1일을 설날로 정하였으나 국민 대다수가 이에 따르지 않고 음력 1월 1일을 설날로 생각하고 차례를 지내면서 결국 이중과세가 됨에 따라 그 제도를 폐지한 것도 마찬가지이다.

4. 기타 법과 구별되는 영역

(1) 법과 실력

법은 개인이 자의적으로 사용하는 실력은 배척하며, 그것이 법을 위반하는 경우에는 제재가 가하여진다. 실력행사가 정의실현의 목적으로 사용되는 경우에는 법에 근거하여 예외적으로 허용되기도 하며, 법은 그 목적인 정의실현을 위해 그 실현수단으로서 일종의 실력, 즉 강제를 사용하기도 한다. 전자의 예로는 형법상 정당방위(제21조)를 들 수 있고, 후자의 예로는 경찰관 직무집행법상 경찰의 실력행사 등을 들 수 있다. 즉, 합법적인 실력만이 허용되는 것이다. 이에 착안하여 메르켈(Adolf Josef Merkel)은 법을 '이론으로서의 법'과 '실력으로서의 법'으로 구분하였다.

(2) 법과 경제

1) 경제관계법의 발달

고대에는 경제개념 발달하지 않았고, 중세에는 경제인을 천시하였던 사정으로 인해 경제관계법이 발달하지 못했다. 그러나 근대에 들어서 산업사회가 발달하게 됨에 따라 19C말에서 20C에 이르러 경제의 중요성이 부각되면서 경제관계법이 발달하기 시작하였다. 즉, 경제의 부단한 발전에 상응하여 경제와 관련된 입법의 불비와 흠결을 보완하고자 하였으며, 산업혁명의 결과로 인해 노동자와 자본가가 대립하면서 생긴 사회적 폐해를 해결하기 위해 노동입법·사회입법의 필요성이 대두되었다. 특히, 제1차·제2차 세계대전을 겪으면서 전시경제 및 그 선·후 대책을 위하여 경제관련 법령에 대한 정비가 대대적으로 이루어졌다.

2) 법과 경제의 관계

경제생활은 법에 대해서 하나의 사실이고, 법은 이에 대해 규범으로서 기능한다. 하지만 법은 정의를 목표로 하는 반면, 경제는 이익을 목표로 한다. 따라서 경제활동에 대하여 법의 시각에 치우쳐 지나치게 규제를 하게 되면 경제가 위축되어 활력을 잃게 되고, 창의성이 사라지며, 투자가 줄어드는 등 경제에 어려움을 겪게 된다. 반면에, 경제활동의 자유를 보장하기 위해 국가가 이를 방치하게 되면 이기주의가 만연하고, 노·사 간의 대립이 격화됨과 더불어 사회의 경제적 불평등이 심화될 수 있다. 따라서 법과 경제는 서로 조화되어야만 경제적 이익의 창출과 더불어 사회의 안정을 추구할 수 있게 된다. 따라서 경제관련 법령은 경제의 합목적성을 고려하여 경제활동의 자율성과 창의성을 최대한 보장하는 한편, 이를 과도하게 훼손하지 않는 범위 내에서 정의의 관념에 따른 제한을 가하는 것으로 하여야 한다.

(3) 법과 기술

기술은 자연법칙상의 힘을 응용하는 것이지만 인간이 일정한 목적을 달성하기 위한 행위의 기준을 제시하는 것이라는 점에서 규범의 성질을 가지고 있다. 특히, 주로 행정법규에서는 전문분야와 관련하여 법규정 내에 각종 기술에 관한 내용을 포함하고 있는 등, 법이 기술적 규범을 그 내용으로 하는 경우가 많다(법의 왕국에의 기술의 귀화). 또한 법 자체가 기술로서 기능하고 있는 경우도 있다. 전자의 예로는 건축법상 각종 단속규정 등을 들 수 있고, 후자의 예로는 각종 소송법, 어음관계법 등을 들 수 있다.

(4) 법과 정치

경제생활, 교육생활, 정치생활 등, 사회생활에 있어서 법의 제1차적 규율대상은 사회적인 대립의 통합과정인 정치생활이다. 법과 정치의 관계에 대하여는 근대 사회의 개별주의 또는 분업의 원칙에 의거하여 양자의 무관계론을 주장하는 견해도 있다. 대표적인 학자로는 게르버(Carl Friedrich Gerber), 라반트(Paul Laband) 등이 있다. 이들은 법은 법률인을 대상으로 하여 법률질서에 관한 것이며, 정치는 정치인을 대상으로 하여 정치활동에 관한 것이므로 양자는 관계가 없다고 하였다. 이에 켈젠(Kelsen)은 "법은 이데올로기로부터 해방되어야 한다"고 하였다.

	법	종 교
대 상	법률인	정치인
내 용	법률질서	정치활동

그러나 법과 정치는 순환관계에 있다고 볼 수 있다. 법의 제정과정을 보면, 법은 정치적 투쟁의 결과라고 할 수 있으며, 그 운용과정을 보면 정치는 법적 투쟁의 결과라고 할 수 있다. 따라서 정적인 존재인 법의 기능은 항상 동요하는 정치로 하여금 무궤도적인 행동을 억제하게 하고, 법적 궤도에 의하여 영위되는 정상적인 정치활동은 보장한다. 따라서 정치와 법은 서로 그 정당성의 근원이 되어야만 그 실

효성이 충분히 보장된다. 다만, 법이 정치의 도구라고 하더라도 올바른 정치가 되기 위해서는 항상 법의 규율을 받아야 하며, 법의 테두리 내에서 행하여질 때만 정당화된다고 할 것이므로 정치와 법이 충돌할 경우에는 법이 항상 우선되어야 한다(법치주의). 만일 이때 정치가 법의 통제를 받지 않고 정치가 법에 우선하는 사회(정치주의)가 되면 법은 무용지물이 되며, 심지어 법이 잘못된 정치를 정당화하는 수단으로 전락하게 될 수 있으므로 특히 경계하여야 한다.

5. 소결

법은 사회생활상의 규범으로서 우리가 지켜야 할 행위의 준칙을 그 내용으로 하는 점에서 도덕, 관습, 종교 등 다른 사회규범과 동일하다. 다만, 법규범은 제2차적 규범으로서 제1차적 규범인 도덕·관습·종교 등 다른 사회규범이 갖는 일반적인 규범으로서의 기본원리가 바탕이 되어야 한다. 그래야만 법은 일반 국민으로부터 신뢰를 받을 수 있으며, 그 정당성과 실효성을 유지함에 따라 법규범 자체의 고유한 이념과 목적을 보다 잘 수행할 수 있다는 점을 명심하여야 한다.

제 4 장

법의 기원과 발전

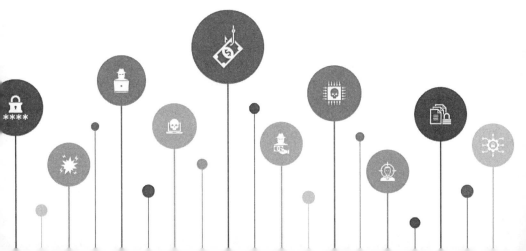

제 4 장

법의 기원과 발전

1. 법의 기원

원시사회에서는 법은 습속이라고 하는 원시규범에 내재하고 있었다. 이 원시사회에서는 인간의 사회생활이 아직 조직화 되지 못함에 따라서 사회적 보호 대신에 복수, 토템, 타부 등, 자급자위(自給自衛)에 의하게 되었는데, 이것이 법의 기원이 되었다.

(1) 토템

원시사회에서는 동·식물과 같은 자연물 중의 하나를 그 사회구성원의 조상으로 믿고, 이것을 숭배하고 집단의 표상으로 인정하였으며, 그 사회구성원들이 이러한 동·식물의 정령을 받고 있다는 믿음을 통해 정신적으로 강하게 결합되었다. 이러한 제도를 토테미즘(Totemism)이라고 하고, 그 동·식물을 토템(Totem)이라고 한다. 따라서 원시사회에서도 자기의 토템은 절대로 먹지 못하게 하였으며, 동일 토템을 가진 집단에 속하는 남녀의 결혼을 금지하는 등, 일정한 규범이 존재하였다.

(2) 타부

타부(Taboo)란 특정한 사물 또는 사람 등 그것이 무엇이든지 간에 사람이 손을 대어서는 아니 되는 신성한 또는 청정한 대상을 말한다. 타부는 보통 족장이 선언 또는 표시하였으며, 그 구성원들은 그 금지 이유를 묻지 않았다.

원시사회에서는 이 타부를 침범하게 되면 본인은 물론 그 종족이나 사회 전체에 초자연적인 힘에 의한 제재, 즉 신벌(神罰)을 받는다고 믿었다. 즉, 형법의 어떤 규정에 의하여 처벌을 받는 것이 아니라 질병이나 그 밖의 예측할 수 없는 재난 등에 의하여 신벌을 받게 된다고 믿었던 것이다. 따라서 이러한 규율위반자가 있게 되면 족장을 비롯하여 동족관계자는 자신들의 집단을 구하기 위해 그 위반자를 희생시킴으로써 신벌이 집단에 미치지 않게 하고자 하였다. 따라서 타부도 사회생활에 있어서 일종의 규범으로서 작용하였다.

(3) 복수

복수는 신체나 재산상 피해를 입은 자와 그 친족이 가해자와 그 친족에 대하여 동일한 정도의 해악을 가할 수 있음을 인정하는 것이다. 이와 같이 복수는 양 당사자의 손해를 같이 하게 함으로써 파괴된 질서를 회복하고자 하는 일종의 제재로서 원시사회의 규범이 되었었다. 이러한 복수는 후대에 까지 허용되기도 하였는데, 처음에는 피해자(또는 그 친족)와 가해자(또는 그 친족) 간에 개인적인 차원에서 행하여졌으나, 후에는 부락복수, 혈족복수[1]로 발전하였다. 과거에는 이러한 사적 복수가 미덕으로 찬양되거나 또는 피해자의 근친혈족의 의무로 인정된 때도 있었다.

(4) 사력(私力)의 공권력화

1) 복수의 제한

국가가 제대로 정착되지 않은 초기 사회에서는 복수가 무한정으로 허용되었지만 그로 인해 도리어 사회질서가 혼란해지고 집단 자체가 위태롭게 되자 복수를 제한하기에 이르렀다. 구체적인 예로는 다음의 것들이 있다. (ⅰ) 복수의무자의 제한이다. 아라비아 고대법에서는 복수의무를 5촌까지로 제한하였고, 중국 고대법에서는 복수의무를 5대까지로 제한하였다. (ⅱ) 피난처의 설정이다. 살인자 등의 범죄자라 하더라도 신성불가침한 일정한 장소를 피난처로 만들고, 복수대상자가 이 장소로 피신하게 되면 복수를 할 수 없게 하였다. 그 예로는 삼한시대의 소도(蘇塗) 등을 들 수 있다. (ⅲ) 복수허가제이다. 개인이 복수를 하기 위해서는 지방관의 허가를 받도록 한 경우가 있었다.

2) 배상

복수는 기본적으로 생명·신체에 대한 위해를 내용으로 하므로 회복할 수 없는 피해를 유발하게 된다. 따라서 복수의 효과를 달성하면서 피해회복을 도모할 수 있도록 배상제도가 시행되기도 하였다. 즉, 복수를 허용하는 대신에 가해자가 피해자 또는 그 근친에게 재물을 제공하게 함으로써 피해를 전보하도록 한 것이다.

---

1) 혈족복수란 한 혈족단체의 일원이 다른 혈족단체원으로부터 침해를 받았을 때에는 피해자에 속하는 혈족단체의 전원이 가해자뿐만 아니라 그에 속하는 혈족의 구성원에 대해서 동일한 보복을 하는 것을 말한다.

3) 공권력에 의한 제재

위에서 언급한 것처럼 초기 사회에 있어서 복수에 대한 제한이
생겨나면서 그 인정 여부나 허용범위에 대하여 그 사회의 장로 등에
의한 결정이 요구되었으며, 이것이 재판의 시초가 되었고, 이로 인해
법규범이 점차적으로 명확한 형태를 갖추게 되었다. 특히, 국가권력이
강해지고 확립됨에 따라서 종래의 사적 복수가 금지되고, 국가의 공권
력에 의한 처벌이나 강제배상으로 이를 대체하게 되었다. 이것이 법규
범으로 발전되어 법으로 정립되었다.

> 〈참고〉 재판제도의 생성: 국가가 체제를 갖추게 되면서 사적 복수 대
> 신에 국가에 의한 처벌이나 강제배상제도가 확립되면서 해당 사건내
> 용을 조사하고 판정하기 위하여 재판제도를 갖추게 된다. 이 재판제
> 도는 (i) 고대시대에 있어서 신의 뜻(神意)에 따라 시비선악을 판단
> 했던 신탁재판(Oracle), (ii) 소송의 당사자 쌍방을 결투시켜서 그
> 승패에 따라 시비를 가렸던 결투재판을 거쳐, (iii) 공정하고 합리적
> 인 재판의 요청에 따라 전문법관이 법률에 따라 그 양심에 의하여
> 독립하여 심판하는 법률재판으로 발전하였다.

2. 법의 발전

법은 사회생활의 진보와 안정이라는 두 개의 축을 원동력으로
하여 발전하여 오고 있다. 법이 발전되어 온 과정은 여러 단계로 나
눌 수 있으며, 그 방법도 다양하지만 시대순으로 살펴보면 다음과
같다.

> **〈참고〉 법의 발달단계의 구분**
>
> • 비노그라도프(Paul Vinogradoff)는 법의 발전단계설을 주장하여 법은 토템사회 – 종족법(tribal law)과 도시국가법(civic law) – 교회법과 봉건법이 결합한 형태의 중세법(medieval law) – 근대 시민사회의 법 형태인 개인주의적 법 – 사회주의적 성격이 강한 법으로 발전했다고 한다.
>
> • 파운드(Pound)는 법은 고대법시대 – 엄격법시대(strict law) – 자연법 및 형평법 시대(natural law and equity) – 법성숙시대(maturity of law) – 법의 사회화시대(socialization of law)로 발전하고 있다고 한다.

(1) 고대법

고대에는 가족을 단위로 하는 지연적 공동체를 기반으로 하여 사유재산제도가 발전하고, 노예제도가 확립되는 등, 원시시대에 비하여 사회구성이 복잡화되고 조직이 발전하였다. 이 시대의 법은 중앙집권의 강화를 위해 관습법이 성문화하는 경향도 보이고는 있지만 근본적으로 종교적 색체가 강하고, 관습법이 중요시 되었으며, 따라서 완전한 법치의 단계에 이르렀다고는 할 수 없다. 법도 종교적·도덕적·관습적 요소가 많이 혼합되어 있었으며, 이들이 미분화된 상태로 사회를 규율하고 있었다.

그러나 이후 사회가 발전하면서 로마의 12표법(十二表法, Leges Duodecim Tabularum 또는 Duodecim Tabulae), 시민법,[2] 만민법(萬民法, jus gentium)[3] 등에서 볼 수 있는 바와 같이 법이 도덕·종교·관습 등으로부터 일부 분화되어 사회규범으로 확립되었으며, 동로마제국의

---

2) 시민법은 로마시민에게만 적용되는 법을 말한다.
3) 만민법이라 함은 로마가 점차 영토를 확장하여 세계적인 대제국으로 발전하면서 그 영토 내에 많은 이민족에게 적용된 법을 말한다.

유스티니아누스 황제에 이르러서는 「로마법대전(Corpus Juris Civilis)」의 편찬을 통해 대륙법계의 기반을 형성하였다.

〈참고〉 12표법: 12표법은 기원전 450년에 제정된 로마 최초의 성문법으로, 귀족과의 투쟁을 거쳐 당시 중장 보병으로 참여한 평민들의 발언권 신장과 관련하여 평민의 권리를 법률로 보호한 것이다. 이 법은 로마법 발달의 출발점이 된 것으로 로마공화정 정체의 중심이자 로마적 전통의 근간이 된 것으로, 로마 시민에게만 적용된 시민법으로, 그 뒤 로마의 팽창에 따라 속주민에게도 적용되는 만민법으로 발전하였다. 12표법은 그때까지 비밀로 되어왔던 관습법과 판례법의 일부가 성문화되어 공시되었다는 데 큰 의미가 있다고 한다.

---

(2) 중세법

중세에는 봉건사회가 형성되면서 지방영주에 의하여 봉건적 토지소유에 기한 농노제(農奴制)가 발전하였고, 서유럽에서는 기독교라는 종교단체가 강대한 세력을 갖게 되었으며, 한편에서는 상공업의 발달로 길드제도가 발전하였다. 그리고 이 시대에는 국왕과 가신, 영주와 농노, 상전과 도제라고 하는 신분관계가 형성됨으로써 주종관계(主從關係)를 규율하는 신분 특유의 관행이 형성되었다.

이 시대에는 과거에 비해 법과 다른 사회규범의 분화가 많이 이루어졌지만, 법에 있어서는 그 실효성을 보장하기 위하여 사회적·신분적 차별이 반영되었고, 법의 확실성의 요청에 답하기 위해 법을 철저하게 적용하는 엄격주의가 철저하게 지배하였다(엄격법시대). 따라서 이 시대의 법은 탄력성을 잃었을 뿐만 아니라 지나치게 형식에 치우쳤으며, 법을 위반하는 자에 대해서는 생명형·신체형 등 가혹한 형벌이 가하여졌다.

한편, 이 당시에는 기독교가 사회를 지배하게 되면서 사회전반에 있어서 교회법이 실정법보다 우월적 지위에서 영향을 미쳤으며, 게르만민족의 유럽정복으로 인하여 그들의 관습법이 널리 전파되면서 로마법과 함께 대륙법계의 형성에 큰 영향을 주었다.

〈참고〉길드: 길드는 11세기 후반 이후 중세도시가 성립·발전되는 과정에서 주로 대상인(大商人)이 그 도시에 있어서의 상거래 독점을 목적으로 하여 자주적으로 조직한 상공업자의 동업자조직을 말한다. 특히, 상인 길드는 도시가 도시영주의 지배로부터 벗어나 자치시로 발전하는데 중요한 정치적 역할을 하였다고 한다.
　　하지만 길드제도로 인해 조합원끼리 서로 도와주고, 공동의 이익을 보호하기 위해 지나친 경쟁은 금지된 반면, 자신들의 이익을 도모하는 과정에서 비조합원 수공업자의 생산을 가로막게 되어 상공업 발전에 저해가 되기도 하였다고 한다. 이러한 길드는 근대 산업의 발달과 함께 16세기 이후에 쇠퇴하였으며, 18세기 말~19세기부터 영업자유의 원칙을 근간으로 하는 제국의 입법에 의하여 길드의 특권을 전부 폐지하게 되었다.

(3) 근대법

1) 민족국가의 형성

중세 말기에는 독립자영업자, 상인, 수공업자들이 그 세력을 확대함에 따라 봉건영주의 지배력이 약화되고, 따라서 국왕이 시민계급과 결부하여 그 세력을 강화시킨 민족국가가 형성되었다.

이 시대의 법은 국가의 정치기구의 발전을 반영하는 공법분야가 많이 발전되었다. 그리하여 중앙행정기구와 관료제도가 정비되었으며, 사법제도가 발전하였다. 다른 한편에서는 사법(私法)분야도 발전하여 가족법의 발생을 보게 되었고, 상법이 독립되었다. 그리고 이로 인해 증가하는 사적 분쟁을 해결하기 위해 민사소송법이 발달하였으며, 절대적 전제군주주의의 지위를 확보하기 위해 형법과 형사소송법도 독립되었다.

2) 민주국가의 탄생

산업혁명에 의한 상공업의 비약적 발전과 새로운 시민계급의 대두로 인하여 근대 시민혁명이 일어나면서 봉건사회가 붕괴되고, 자유·평등·독립을 기조로 한 근대적 의미의 중앙집권적 시민국가가 탄생하였다. 이러한 시민사회는 개인주의와 자유주의를 사상적 배경으로 하여 정치적으로는 민주주의, 경제적으로는 자본주의를 원칙으로 하였다. 따라서 국가는 개인에 대한 간섭을 최소한으로 하여 가급적 개인의 자유로운 활동을 보장하는 것이 최선이라고 생각하였다.

이 시대의 법은 이러한 근대 시민사회의 기본원리를 반영하여 '사적 자치의 원칙' 아래 사유재산권의 보장과 계약자유의 원칙, 과실책임의 원칙을 그 기본이념으로 하였다. 또한 이 시대에는 국민의 권리보장과 확실성의 요청 등에 따라 성문법의 경향이 강하였고, 법치주의가 확립되었으며, 개인은 법률상 권리·의무의 주체로서 그 지위를 인정받게 되었다. 따라서 법의 이념도 의무본위에서 권리본위의 법률관계로, 국가본위에서 개인본위의 법으로 변화되었다(법의 성숙의 시대).

(4) 현대법

자본주의의 발전에 따른 각종 모순을 극복하고, 노동자계급의 사회적·경제적 지위의 향상을 도모하기 위해 국가는 국민경제의 입장에서 '자유·평등' 외에 '복지'를 구현하여 개인에게 참다운 자유와 실질적 평등을 누릴 수 있도록 현실적인 자유와 구체적인 급부를 제공하는 등, 국가의 간섭영역을 확대하기에 이르렀다.

이 시대의 법은 이러한 수정자본주의와 사회적 민주주의의 요청에 따라 '개인본위의 법'에서 '사회본위의 법'으로 바뀌었으며, 따라서 개인의 재산권의 사회공공복리에 대한 의무를 강조하고, 그 행사에 대하여 공공복지를 위한 제한을 가할 수 있도록 하였다. 그리하여 현대에서는 사회법이 발달하고 복지국가건설을 위해 국가권력이 한층 확대·강화되었으며, 이것은 구체적으로 행정권의 강화로 나타나고 있다.

제 5 장

법의 목적

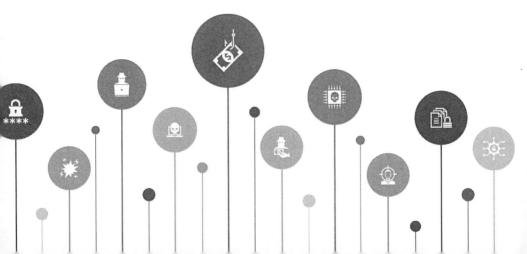

법의 목적

법의 이념 또는 목적에 대한 문제는 '법은 무엇을 위해 존재하는
가'의 문제로서, 법이 실행하고자 하는 근원적인 가치를 고찰함으로써
그 본질을 밝히고자 하는 것이다.

법은 인간사회의 규범이므로, 법의 목적은 인간의 목적, 결국 인
간의 행복이나 선(善)을 사회라는 공동체를 통하여 효과적으로 달성하
는데 있다. 즉, 공동선 또는 공동행복을 실현하고자 하는 것이다. 이러
한 법의 목적과 관련하여 라드브루흐(Radbruch)는 그 내용으로서 '정
의', '합목적성', '법적 안정성'을 들고 있다.

1. 정의

(1) 법과 정의

법은 용어 자체에 이미 정의의 의미를 내포하고 있다. 즉, 라틴어

jus(법)은 justum(정의)에서, 로마어 Ius(법)은 Iustitia(정의)에서 유래한 것이다. 이외에도 독일어의 Recht, 불어의 droit, 영어의 justice 등은 법과 정의를 모두 나타내는 개념으로 사용되고 있다.

한편, 법의 한자 고어(古語)를 보면 灋, 즉 '水(물 수)', '廌(해태 치)', '去(갈 거)'의 복합어이다. 여기서 '수'는 '공평'을 의미한다. 또 '해태'는 중국 묘족(苗族)이 신의재판(神意裁判)을 할 때 해태(사자와 비슷하게 생겼으나 머리가운데 한 뿔이 있음)를 재판석 앞에 내세우면 죄지은 자에게 가서 뿔로 떠받는다고 하는 전설적 동물로서 동양적 정의의 상징이다. 따라서 법이란 물과 같이 공평하게 정의가 실현되는 것을 의미한다. 한편, 법은 순수 우리말로는 '본'이며, 이것 또한 '지상에 있으되 꼭 있어야 할 모습대로 있는 상태'를 말한다.

(2) 정의의 내용

정의의 의미에 대하여 고대 로마시대의 울피아누스(Ulpianus)는 "각자에게 그의 것을(suum cuique tribuere)"이라는 법격언을 통해 표현하고 있다. 이것은 자신과 마찬가지로 타인도 그에 상당하는 만큼의 권리를 갖는다는 것을 의미하는 것으로 해석된다. 이러한 정의개념을 최초로 이론화 한 사람은 아리스토텔레스(Aristoteles)이었으며, 이후 정의의 내용은 '평등'으로 파악되고 있다.[1]

1) 일반적 정의

일반적 정의란 인간의 심정 및 행동을 공동생활의 일반원칙에 적합하게 하는 것을 의미한다. 이 정의는 개인의 단체에 대한 임무, 공동복지증진에 대한 의무를 내포하고 있다. 여기서 개인이 단체를 위하여 무엇을 해 줄 것인가라고 하는 의무의 부담 여부는 법에 의해 정해

---

[1] 정의를 개인적 덕성으로 생각할 때에는 그것은 진·선·미와 같이 개인이 추구하여야 할 절대 최고의 가치로 설명한다.

지기 때문에 일명 '법적 정의'라고도 한다.

2) 협의의 정의

정의는 협의로는 각인(各人)의 물질상 및 정신상의 이해를 평등하게 하는 것을 의미한다. 즉, 평등을 특수적 정의로 보고 있다.

(가) 평균적 정의

평균적 정의란 사회에 있어서 개인 상호 간의 급부 및 반대급부의 균형을 기하고, 자연인인 개인의 권리에 대한 상호존중에 기반을 둔 절대적 평등을 그 내용으로 한다. 이것은 주로 사법(私法)상 요청되는 정의로서 기득권 존중의 원칙, 권리침해의 금지 등을 그 내용으로 한다. 그 예로 일반음식점의 음식 값은 누구에게나 균등하다는 것을 들 수 있다.

(나) 배분적 정의

배분적 정의란 단체의 개인에 대한 관계에서 요구되는 정의로서, 비례적 평등을 그 내용으로 한다. 이것은 "같은 것은 같게 불평등한 것은 불평등하게"라는 법격언으로 표현되는데, 라드브루흐(Radbruch)는 이것을 정의의 근원적인 형태로 보고 있다. 주로 공법상 요청되는 정의이다.

3) 소결

위에서 언급한 정의의 개념은 단지 추상적인 이념형식에 불과하다. 왜냐하면 정의의 내용은 역사적·민족적·계급적 기타 사회적인 배경에 따라 각각 다르기 때문이다. 따라서 결국 구체적·개별적으로 무엇이 정의인가 하는 것은 후술하는 합목적성과 법적 안정성이라고 하는 기준을 통해 개별적으로 판단할 수밖에 없다.

〈참고〉 정의의 내용

가. 시대별 구분 − (ⅰ) 중세에는 사랑을 실천하는 것이 정의였으나, (ⅱ) 근대 이후에는 인간중심주의에 기초한 자연법적인 정의론에 근거하고 있으며, (ⅲ) 현대에서는 인간중심주의하의 자유·평등 외에 다시 사회전체의 복지구현을 그 내용으로 추가하고 있다.

나. 지역적 구분 − (ⅰ) 동방은 인륜의 평화를, (ⅱ) 중방은 인류의 평등을, (ⅲ) 서방은 인간의 자유를 각각 자연법적인 정의(법초월적 정의)로 하고 있다. 이를 바탕으로 실정법적인 정의(법내재적 정의)로서 (ⅰ) 동방은 직분을 중시하여 사회법사회를 이루고 있고, (ⅱ) 중방은 의무를 중시하여 공법사회를 이루고 있으며, (ⅲ) 서방은 권리를 중시하여 사법사회를 이루고 있다고 한다.

- 동방 − 인도 등, 아시아의 황인종으로 구성되어 있으며, 계절풍이 불고, 농경생활을 하고 있다. 여기에서는 법의 생활성이 강조되고, 예의가 법 위에 존재하며, 법의 내용은 자연법적 성격(조화적)을 갖고 있다.
- 중방 − 터키, 몽고, 슬라브, 아라비아, 아프리카 등, 유목민족들로 구성되어 있으며, 대륙성 기후환경을 갖고 있다. 여기에서는 법의 강제성(규범성)이 강조되고, 권력이 법 위에 존재하며, 법의 내용은 사회법적 성격(독선적)을 갖고 있다.
- 서방 − 유럽을 중심으로 백인종으로 구성되어 있고, 해양성의 기후환경을 갖고 있으며, 교역중심의 사회를 이루고 있다. 따라서 도시국가가 일찍부터 형성되어 있고, 사상적으로 자유민주주가 뿌리 깊어 규범성이 강조된다. 따라서 법이 우선하고, 그 내용 또한 인간법(대립적)적 성격을 갖고 있다.

2. 합목적성

합목적성이란 일반적으로 '어떤 사물이 일정한 목적에 적합한 방식으로 존재하는 성질'을 의미하는 것으로, 법에 있어서 합목적성이란 어느 국가의 법질서가 구체적으로 제정·시행됨에 있어서 지향하는 표준이나 가치관을 말한다. 따라서 법의 합목적성은 상대적 개념으로, 해당 국가가 처해 있는 시대적·정치적·사상적·경제적 배경에 따라 달라지며, 동일한 국가 내에서도 추구하는 세계관이나 양심에 따라 다르게 나타난다.

(1) 가치관에 따른 구별

합목적성의 내용은 그 가치관에 따라 다르다. 즉, (ⅰ) 개인주의 아래에서는 인간이 궁극적 가치를 가지므로 개인의 자유와 행복의 추구가 목적이 되며, 평균적 정의가 중심을 이룬다. (ⅱ) 단체주의 아래에서는 단체가 중시되므로 개인의 인격은 단체의 가치를 실현하는 범위 내에서만 인정되고 존중되며, 배분적 정의가 중심을 이룬다. (ⅲ) 문화주의(초인격주의) 아래에서는 인간이 만든 문화 또는 작품이 중시되며(주로 카톨릭 사회), 배분적 정의가 중심이 된다.

이러한 가치관 중에서 개별 국가는 하나를 선택하고, 이에 따라 법의 목적을 추구하게 되지만, 오늘날 다원주의사회에서는 상대주의 관점에서 다른 가치관들을 포용한다.

(2) 국가의 형태에 따른 구별

합목적성의 내용은 국가의 형태에 따라서도 다르게 나타난다. 즉, (ⅰ) 자유주의 국가에서는 법치주의 하에서 자유가 중시되지만, (ⅱ)

전체주의 국가에서는 법의 목적은 공익추구를 내용으로 하고, 개인의 자유는 제한된다. 한편, (iii) 공산주의 국가에서는 법은 궁극적으로 지배계급이 피지배계급을 억압하는 수단으로 이해하므로 법을 무시하고, (iv) 독재국가에서는 법이 시민의 인권을 보장하는 것이 아니라 권위주의적인 지배수단으로 전락하게 되면서 권력자의 독재에 이용된다.

(3) 세계관에 따른 구별

합목적성의 내용은 세계관에 따라서도 다르게 나타난다. 즉, (i) 개인주의적 세계관에 따르면 법의 목적은 국가로 부터 개인의 자유를 보장하는 것이며, (ii) 민주주의 세계관에 따르면 법의 목적은 민의의 존중과 국민의 참여를 보장하는 것이다. 또한 (iii) 사회주의 세계관에 따르면 법의 목적은 사회적 불평등의 제거에 있게 된다.

(4) 우리나라의 태도

우리나라 헌법 전문에서는 "자율과 조화를 바탕으로 자유민주적 기본질서를 더욱 확고히 하여 정치·경제·사회·문화의 모든 영역에 있어서 각인의 기회를 균등히 하고, 능력을 최고도로 발휘하게 하며, 자유와 권리에 따르는 책임과 의무를 완수하게 하여, 안으로는 국민생활의 균등한 향상을 기하고 밖으로는 항구적인 세계평화와 인류공영에 이바지함으로써 우리들과 우리 자손의 안전, 자유와 행복을 영원히 확보할 것"을 추구함으로써 자유주의를 원칙으로 하고 있음을 분명히 하고 있다. 또한 헌법 제1조에서 "대한민국은 민주공화국"(제1항)이며, 따라서 "대한민국의 주권은 국민에게 있고, 모든 권력은 국민으로부터 나온다"(제2항)는 점을 명시하고 있다. 따라서 우리나라에 있어서 법의 목적은 자유민주주의와 국민주권주의에 기초한 개인의 자유와 권리를 보장함에 있고, 이를 바탕으로 평등권의 보장과 사회복지구현을 통해 모든 국민의 행복을 추구함에 있다고 할 수 있다. 다만, 헌법에서는 기본권이라고 하더라도 국가안전보장·질서유지 및 공공복리를 위하여 필요한 경우에는 그 제한을 인정하고 있다(헌법 제37조 제2항).

3. 법적 안정성

법의 제1차적 기능은 질서유지와 분쟁의 평화적 해결이다. 따라서 법은 행위규범인 동시에 재판규범으로서 작용하게 되므로 그 기능을 충실히 하기 위해서는 법적 안정성이 유지되어야 한다. 다만, 법의 목적인 법적 안정성이 유지되기 위해서는 법은 다음의 요건을 갖추어야 한다. 즉, (ⅰ) 법의 내용은 명확해야 한다. (ⅱ) 법은 쉽게 변경되거나 입법자의 자의에 의해 영향을 받아서는 아니 된다. (ⅲ) 법의 내용은 일반 사람들이 실행할 수 있어야 한다. (ⅳ) 법은 민중의 법의식에 합치하여야 한다.

현행법 규정에는 법적 안정성의 요청에 따라 어떤 사실이 계속되는 경우 그 상태를 인정하여 기정사실화하는 경우가 있다. 그 예로는 공·사법상 각종 시효제도(민법 제245조[2], 제246조[3] 등), 사법상 점유보호[4]나 선의취득제도[5] 등이 있다.

---

2) 민법 제245조(점유로 인한 부동산소유권의 취득기간) ① 20년간 소유의 의사로 평온, 공연하게 부동산을 점유하는 자는 등기함으로써 그 소유권을 취득한다.
② 부동산의 소유자로 등기한 자가 10년간 소유의 의사로 평온, 공연하게 선의이며 과실없이 그 부동산을 점유한 때에는 소유권을 취득한다.
3) 민법 제246조(점유로 인한 동산소유권의 취득기간) ① 10년간 소유의 의사로 평온, 공연하게 동산을 점유한 자는 그 소유권을 취득한다.
② 전항의 점유가 선의이며 과실없이 개시된 경우에는 5년을 경과함으로써 그 소유권을 취득한다.
4) 민법 제192조(점유권의 취득과 소멸) ① 물건을 사실상 지배하는 자는 점유권이 있다.
5) 민법 제249조(선의취득) 평온, 공연하게 동산을 양수한 자가 선의이며 과실없이

4. 법목적 상호 간의 조화

법의 목적 중에서 정의와 합목적성은 법의 내용에 관한 이념으로서 법의 실체에 중점이 있는 반면, 법적 안정성은 법질서의 정립(법기능)에 관한 이념으로서 법의 형식에 중점이 있다. 또한 정의는 윤리성을 전제로 하는 반면, 합목적성은 공리성을 전제로 한다. 따라서 이러한 이념들이 상호 충돌하는 경우가 발생할 수 있다.

이와 같이 법의 이념이 상호 충돌하는 경우에 어느 이념을 우선시킬 것인가는 시대와 국가에 따라 다르게 된다. 즉, (i) 경찰국가시대에는 국가의 목적과 안정을 위해 합목적성이 우위에 있었고, (ii) 법실증주의시대에는 법적 안정성이 우위에 있었으며, (iii) 자연법시대에는 정의가 우선되었다.

정 의	합목적성	법적 안정성
법의 내용에 관한 이념 - 법의 실체에 중점	법의 내용에 관한 이념 - 법의 실체에 중점	법질서 정립에 관한 이념 - 법의 형식에 중점
윤리성	공리성	공리성

그 동산을 점유한 경우에는 양도인이 정당한 소유자가 아닌 때에도 즉시 그 동산의 소유권을 취득한다.

제 6 장

법의 근거

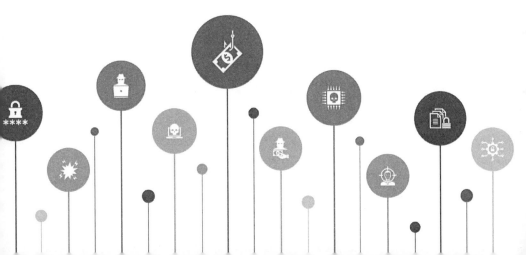

제 6 장

법의 근거

우리는 법이 요구하는 바에 따라서 사회생활을 영위하게 되는데, 그렇다면 법이 어떠한 근거에 의해 제정되었기 때문에 우리가 지켜야 하는 것인가가 문제된다. 이것은 법의 근거가 무엇이냐에 관한 문제이며, 넓은 의미에서는 법의 효력에 관한 문제이기도 하다. 법의 근거(법 존립의 기초)에 관해서는 다음의 학설들이 주장되고 있다.

1. 신의설

신의설은 법은 신의 전능한 의사를 나타내는 것이라고 하는 견해이다. 고대법은 그 구속성이 종교와 밀접한 관계를 가지고 있다. 즉, 법의 실효성이 원시종교에 의해 뒷받침되고 있는 것이다. 그 예로 함무라비법전, 마누법전, 모세의 십계명 등을 들 수 있다.

또한 중세에는 기독교가 왕성하여 기독교 교리가 법학에 영향을 많이 미쳤다. 즉, 아우구스티누스(St. Augustin)는 영구법(永久法)의 존재를 인정하고, 이것을 '신의 합리적 의지의 발로'라고 하였다. 토마스 아퀴나스(St. Thomas Aquinas)는 법에는 신적 이성으로 부터 발생한 세계지배의 원리로서의 영구법(신의)의 존재를 인정하고, 이러한 영구법의 인류지배부분이 자연법이며, 이러한 자연법을 특수사실에 적용시키기 위해 인간이 만든 규칙이 인정법(人定法)인 실정법이라고 하였다. 따라서 이러한 입장에서는 만법의 궁극적 근원은 '신의 이성(神意)'에 있다고 보았다.

그러나 이 설에 대하여는 과학적 논거를 결여하고 있고, 신만 강조하고 개인 또는 단체로서의 인류를 도외시하고 있다는 비판이 있다.

〈참고〉 **마누법전:** 마누법전은 고대 인도의 종교적 성전(宗敎聖典)으로 힌두인이 지켜야 할 법(法 다르마)을 규정하고 있으며, BC 3000년 무렵에 처음 제정되어 이어지다가 BC 200년과 AD 200년 사이에 집대성되었다. 이 법전은 힌두교(敎)로 강하게 채색된 관습법의 집대성으로서 마누의 계시에 의하여 성립되었다고 전할 뿐 그 진작자(眞作者) 및 연대는 미상이다. 이 법전에는 민법, 형법뿐만 아니라 카스트의 규정 등 종교, 도덕을 규정하여 최근까지도 인도 사회의 규범으로 사용되고 있으며, 인도 문화의 동남아시아 전파와 함께 동남아시아 각국에도 영향을 끼쳤다. 마누(Manu)란 인류의 시조를 뜻하며, 일체의 법에 관한 최고의 권위로 숭앙받는 존재를 말한다.

---

2. 자연법설

자연법설은 17·8C 유럽의 전제국가시대에 실정법에 대한 불만에 근거하여 인류사회에 자연히 존재하는 만고불변의 법인 자연법에서 법의 근거를 찾는 견해이다. 즉, 자연법은 인간의 본성이나 사물의 본성과 같은 시·공을 초월하여 존재하는 보다 근원적인 것에 입각한 초실정법적 규범이며, 입법자가 이것을 찾아 성문화한 것이 법이라고 하였다. 따라서 법은 자연법에 적합한 범위 내에서만 정당한 구속력을 구비한다고 하였다. 이 설은 그리이스·로마시대의 스토아(Stoa)학파, 울피아누스(Ulpianus) 등에 의해 주장된 이래로, 중세는 신의설과 결부되어 주장되었고, 근대에 들어와서는 루소(Jean-Jacques Rousseau), 칸트(Kant), 그로티우스(Hugo Grotius) 등에 의해 주장되었다.

이 설에 대하여는 자연법은 일종의 관념에 불과하고, 따라서 객관적 기초가 존재하지 않으므로 현실적 규제가 사실상 불가능하다는 비판이 있다.

⟨참고⟩ 스토아학파: 스토아학파는 B.C. 3C 제논에서 시작되어 A,D, 2C까지 이어진 그리스·로마 철학의 한 학파로서, 윤리학을 중시하고 주로 인간의 행위에 관심을 가지며, 삶의 목적이나 행복은 덕행에 있다고 하였다. 이러한 덕행은 자연에 따르는 삶, 즉 인간의 의지를 신의 의지에 조화시킨 삶이라고 하면서, 모든 것은 자연법규에 순응해야 한다고 하였다. 또한 인간은 자연법규를 인식하고 의식적으로 거기에 동의할 수 있다고 하였다(법과 도덕의 혼동). 이들의 금욕과 인류애는 중세 기독교세계에서도 반복되었다.

---

3. 법단계설

법단계설은 국가를 법적 공동체로 파악하는 견해로서, 법은 당해 국가와 사회의 법질서 속에서 상위의 형식적 및 실질적 수권규범에서 위임받음으로써 효력을 갖는다고 한다. 즉, 규칙은 명령에 의해, 명령은 법률에 의해, 법률은 헌법에 의해 위임받아 규정되었기 때문에 효력을 가지며, 헌법은 근본규범(根本規範)에 근거한다고 하였다(근본규범 – 헌법 – 법률 – 명령 – 규칙의 순). 여기서 근본규범은 '법을 제정할 수 있는 가장 높은 권위의 소재를 가리키는 국가의 정치적 근본원리'

라고 하며, 이것이 관련된 실정법질서에 정당성과 객관적인 효력을 부여한다고 보았다.

이 설은 켈젠(Kelsen)에 의해 주장된 이론으로, 법을 이데올로기로부터 해방시켜 법 자체만을 연구대상으로 해야 한다고 하는 순수법학이론에 근거한 것이다. 하지만 이 설은 법의 효력을 합법성으로만 파악한다면 지지될 수 있지만, 근본규범 자체가 위에서 언급한 것처럼 정치성을 포함하고 있기 때문에 켈젠이 주장하는 순수법학의 논리와 모순되고, 모든 실효적인 강제질서는 '마치 객관적으로 효력 있는 것처럼' 해석할 수 있게 되므로 '사실적인 것의 전문 이데올로기적인 상부구조'란 비판이 있다.

〈참고〉 순수법학: 순수법학이란 20C 초 켈젠을 중심으로 한 빈(Wien) 학파에서 법률학의 규범학으로서의 자주성을 회복하기 위해 법실증주의의 기반에 서서 주장된 것으로, 실정법에 대한 연구에서 정치적·사회적·도덕적인 고찰을 배제하고, 실정법을 오로지 순수하게 당위의 법칙(지켜야 할 규칙)으로서 논리적으로 고찰할 것을 목적으로 하는 법학을 말한다.

---

4. 명령설

명령설은 법은 주권자인 국가의 명령이라고 하는 견해이다. 즉, 국가만능사상에 입각하여 법은 정치상 우월한 지위를 가진 자가 열등한 지위에 있는 인민에게 대하여 내린 명령이라고 하는 것이다. 대표적인 학자로는 오스틴(Austine)이 있다. 이 설에서는 국가는 무한한 절대권을 소유하며, 국가가 원하는 대로 정한 법만이 현실적인 법이 된다고 한다.

이 설에 대하여는 적극적인 의사에 기하지 않은 관습법, 주권자 자신을 구속하는 국가조직법 등의 설명이 곤란하고, 헌법이나 국제법은 법이 아닌 것으로 되기 때문에 법일반의 본질을 설명함에 있어서 어려움이 있으며, 법을 법적 권위에 의한 통치자의 명령이라고 할 뿐 '법적 권위' 자체에 대한 설명이 없다는 비판이 있다.

5. 실력설

실력설은 법은 강자의 실력에 의해 만들어진다는 점에 그 타당근거가 있다고 하는 견해이다. 즉, 강자의 이익에 합치하는 것만이 정의이며, 법을 규정하는 것은 힘(Macht ist Recht)이라고 주장한다. 주로 소피스트(Sophist)들에 의해 주장되었으며, 이후 스피노자(Benedict de Spinoza), 메르켈(Merkel), 굼플로비치(Ludwig Gumplowicz), 오펜하이머(Oppenheimer) 등의 사회학파에 의해서도 주장되었다. 또한 사회주의 입장에서도 법은 계급적 지배의 수단이고, 지배계급이 국가권력과 결합하여 규범화한 것이라고 함으로써 '법은 곧 실력'이라고 하는 입장을 취한다.

이 설에 대하여는 왜 지배자가 실력을 갖게 되는가에 대한 이유가 명시되어 있지 않고, 실력은 단지 의욕이나 가능을 생기게 할 뿐 당위를 생기게 할 수는 없을 뿐만 아니라 법을 파괴하는 폭력도 법으로 보는 모순을 갖는다는 비판이 있다.

〈참고〉 소피스트: 소피스트는 5C초 그리스 아테네의 민주사회에서 부유층의 수요에 응하여 보수를 받고 그들에게 변론기술을 가르쳐 주던 사람을 말한다. 이들은 B.C. 5C부터 B.C. 4C까지 그리스를 중심으로 활동했던 철학사상가이자 교사들로서, 설득을 목적으로 하는 논변술을 강조하였으며, 진리와 정의를 상대적인 기준으로 바라보았다. 대표적인 소피스트로는 프로타고라스(Protagoras), 고르기아스

(Gorgias), 프로디코스(Prodicos), 히피아스(Hippias), 트라시마코스 (Thrasymachus) 등이 있다. 이들은 문서화된 법률은 강자의 자연적 권리라고 하였다.

〈참고〉 **사실의 규범력설:** 사실의 규범력설은 사실 속에 규범으로 바 뀔 힘이 내재하고 있다는 사상에 근거한 견해이다. 즉, 관행이 관습 이 되고, 관습이 관습법이 된다는 것이다. 새로운 규범의 창설은 혁 명을 통해서만 이루어진다고 한다(엘리네크, Georg Jellinek). 이 설 이 법존립의 기초를 오직 사실의 힘에서만 구하게 되면 법실력설과 결부하게 된다.

6. 역사법설

역사법설은 계몽적 자연법론에 대한 반동으로 19C초에 주장된 견 해로서, 법의 항구불변성에 대하여 진화성을 주장한다. 즉, 법은 언어 와 같이 국민의 생활 속에서 자연히 발생하는 것이라고 한다. 따라서 법은 그 민족의 역사·사회상태 등에 따라 민족과 유기적인 관계를 가 지며(민족정신의 표현), 법은 민족의 확신에 의해 생겨난 것이라는 점에 서 그 존립기초를 갖는다고 한다. 이에 민족적 확신설이라고도 한다. 대표적인 학자로는 사비니(Friedrich Karl von Savigny), 푸흐타(Georg Friedrich Puchta) 등이 있다. 이 설에서는 법의 실질면·내용면을 강조 하며, 관습법만이 법의 유일한 연원이 된다.

이 설에 대하여는 민족의 확신을 규명하기도 어려울 뿐만 아니라 각 민족 간에도 공통적인 요소가 있다는 점을 무시하고 있으며, 법은 관습에 의해 확신을 가진 경우뿐만 아니라 국가의 입법정책에 따라 합목적성·합리성의 요청에 의하여 제정되는 수도 있고, 외국법을 계 수하여 제정되기도 한다는 점을 간과하고 있다는 비판이 있다.

7. 민약설

민약설(民約說)은 법은 인민의 자유의사의 합치, 즉 계약으로 된 인류공동생활의 규칙이라고 하는 견해이다. 따라서 법은 국민의 일반 의사에 의존하게 되며, 국민은 주권자로서 입법권을 행사하게 된다고 한다. 대표적인 학자인 루소(Jean-Jacques Rousseau)는 이에 기초하여 반폭군혁명주의론을 제창하였다.

이 설에 대하여는 그 주장이 실제로 법이 제정되어 온 역사적 사실과 모순되며, 계약당사자뿐만 아니라 그 자손들에게 까지 어떻게 구속력을 발휘할 수 있겠는가에 대하여 의문이라는 비판이 있다.

8. 승인설

승인설은 법을 실력에 복종하는 자, 즉 국민이 사회생활규범으로서 준수할 행동의 준칙으로 승인하고, 이를 지키는 데에서 법의 근거를 찾고자 하는 견해이다. 대표적인 자로는 비어링(Ernst Rudolf Bierling)이 있다. 여기서 승인의 내용은 불문하므로 강요되어진 것뿐만 아니라 무의식의 승인도 포함된다.

이 설에 대하여는 법의 승인과 존립은 구별될 뿐만 아니라 법을 승인하고 지킨다는 것이 기존의 법을 제외한 새로운 법의 성립근거는 되지 못하고, 법은 본질적으로 강행성을 갖고 있으므로 복종자의 승인 여부라고 하는 임의의 의사에 의해 이를 배제할 수 없으며, 승인의 내용 또한 막연할 뿐만 아니라 강제된 승인도 승인으로 인정하므로 비논리적이라는 비판이 있다.

9. 여론설

여론설은 일정한 법을 유익하다고 인정하고 다른 법을 해롭다고 인정하는 사회에 널리 통용되는 신념인 여론, 일명 공통된 사회의식에서 법의 근거를 구하는 견해이다(사회의식설). 이 설은 19C 영국의 입법에 착안하여 다이시(Albert Venn Dicey)에 의해 주장된 이론이다.

이 설에 대하여는 다수의 신념도 소수의 신여론에 의해 배제되어 법창조력을 상실하는 경우가 존재한다는 비판이 있다.

10. 가치설

가치설은 법의 목적 내지 이념에서 법의 근거를 찾는 견해이다. 이 설은 법은 정의 등, 정당한 가치 또는 목적을 가지고 있으므로 일반인이 기꺼이 이에 따르고 있다는 것을 이유로 한다(다수설). 이런 점에서 법철학적 효력설, 법이념설 또는 정당성설이라고도 한다.

이 설에 대하여는 지나치게 추상적이고 이념적이라는 비판이 있다.

11. 소결

법은 사회정의를 그 이념으로 하고, 그 구체적인 내용이 국가(또는 국민)에 의하여 인정되는 동시에 그 실천이 보장될 때 비로소 사회규범으로서의 효력을 갖게 된다. 따라서 법은 규범적 요소로서 정의 등 올바른 가치 또는 목적을 지향하여야 하며, 실질적 요소로서 정당한 정치적 권력에 의해 지지될 것이 요청된다.

제 7 장

법의 구조

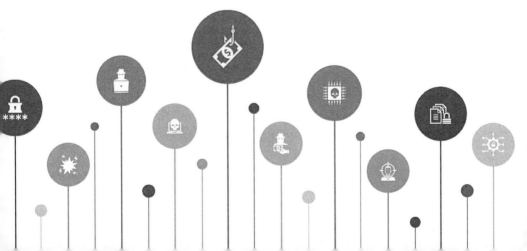

법의 구조

모든 국가사회의 법질서는 논리적 성격을 달리하는 다음 3종류의
법규범으로 존재한다.

1. 행위규범

법은 '··· 하여야 한다', '··· 해서는 아니 된다' 등 명령과 금지를
내용으로 하는 규범으로서 행위의 기준을 정한 당위규범이다. 한편,
법은 사람들이 행동을 하기 전에 의사결정을 함에 있어서 그 기준이
된다는 점에서 의사결정규범으로 작용하게 된다.

2. 재판규범

법은 행위규범에 대한 위반상태가 발생하면 국가가 강제력을 발

동하여 그 실현을 도모한다. 이때 국가는 그 실현방법으로서 법원에 의한 재판을 이용하게 되는데, 법원이 재판을 함에 있어서는 법을 기준으로 하게 되므로 법은 재판규범으로서 작용하게 된다. 한편, 법은 법관이 재판의 대상이 된 행위의 존부(存否) 또는 당부(當否)를 평가하는 기준이 된다는 점에서 평가규범으로 작용하게 된다.

<참고> 법규범의 중복구조: 법은 일정한 요건이 충족되면 일정한 법적 효과를 부여할 것을 선언한 가언적 명제이다. 따라서 법은 1차적으로는 일반인을 대상으로 한 행위규범으로서 작용하게 되지만, 제2차적으로는 법관을 대상으로 한 재판규범으로서 작용하게 된다.

3. 조직규범

법에는 각종 정의규정과 기술적 규정이 존재한다. 이와 같이 법의 제정·적용·집행의 조직을 정한 법이 바로 조직규범이다. 그 예로 헌법상 국가통치기구에 관한 규정, 국회법, 법원조직법, 정부조직법, 국가공무원법 등을 들 수 있다.

특히, 법에 근거하여 형성된 국가나 지방자치단체의 조직은 강제질서이므로 강제규범성을 내포하고, 따라서 이에 위반하는 경우에는 법적 강제가 가하여지게 된다. 그 예로 국회의원의 국회법위반행위 등을 들 수 있다. 다만, 조직규범으로서의 법은 관계 공무원에 대하여 제반 임무와 책임을 부여하는 등, 국가 또는 지방자치단체의 구성원이 수범자(受範者)가 된다는 점에서 일반인을 수범자로 하는 행위규범 및 법관을 수범자로 하는 재판규범과 구분된다.

4. 소결

법은 사회규범으로서, 위에서 언급한 것처럼 행위규범, 재판규범 및 조직규범으로 구성되어 있는 통일적인 규범복합체라고 할 수 있다. 이러한 법규범들은 상호 결합하고 의지하면서 사회생활의 질서를 세우는 한편, 인간공동체, 그 중에서도 특히 국가를 형성·유지하는 근거가 된다. 파운드(Pound)는 법은 "정치적으로 조직된 사회의 힘의 체계적 사명을 통한 사회통제"라고 하였다.

제 8 장

법 계

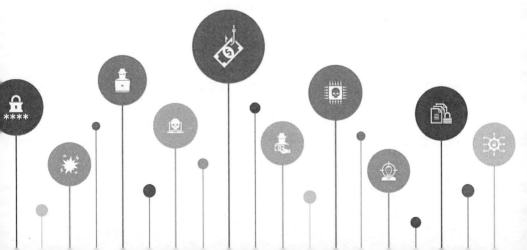

법 계

법계(法系)란 어떤 국가의 법질서가 어떤 법계보에 속하는 것인가에 관한 문제이다. 법은 일반적으로 각각 그것이 존재하는 국가의 문화 또는 민족성에 따라 다른 특색을 보유한다. 그러나 각국은 법체계 발달상 동일한 기원, 식민지정책을 통한 종주국법의 시행, 또는 법의 계수 등을 통해 법문화[1]에 있어서 서로 영향을 미치며, 때로는 융합하게 되면서 여러 국가 또는 여러 민족에 공통된 특색을 가진 법문화권을 형성하고 있다. 따라서 자국법을 제대로 이해하기 위해서는 자국법이 발달되어 온 과정과 그 줄기가 되는 계통을 분석하여 볼 필요가 있으며, 한편에서는 같은 계통에 있는 다른 법공동체의 구체적 내용과 비교·연구함으로써 자국법의 부족한 점이나 애매한 점을 보충하고 명확하게 할 수 있다. 따라서 오늘날 비교법학의 중요성이 강조되고 있다.

이하에서는 법의 개념적 구조(법의 연원을 기초로 하여)와 법체계의

---

1) 법문화란 그 법계 속에서 당해 국가가 어떠한 특성의 법제도, 법학, 법사상을 구성하여 운영하고 있는가를 총체적으로 지칭하는 개념이다.

바탕이 되는 정치적·사회적 철학을 기초로 한 분류에 따라 대륙법계와 영미법계로 구분하여 살펴본다.[2]

1. 대륙법계

대륙법계(Roma-German법계)는 로마법과 게르만법을 기초로 하여 주로 유럽대륙에서 발달한 법계로서, 성문법주의를 채택하고 있다.

(1) 로마법

로마법은 법규칙을 올바른 행위규칙으로 생각하며, 따라서 정의나 도덕관념과 깊이 연관되어 있고, 법학자들에 의해 주로 형성되었다. 이러한 로마법은 AD-2C에 걸쳐 조직적인 체계를 갖추었고, 2C-3C에 그 융성시기를 맞이하였으며, 6C 중엽 유스티니아누스(Justinianus) 대제에 의해 「로마법대전」으로 완성되었다. 이러한 로마법은 전 유럽에 걸쳐 각국의 법전 편찬, 특히 민법전의 편찬에 큰 영향을 미쳤다.[3] 특히, 11C-12C 이탈리아의 볼로냐대학을 중심으로 하여 유럽대학에서 주석학파들에 의해 로마법대전에 대한 연구가 활발하게 진행되었다.

> 〈참고〉 로마법대전: 동로마제국의 유스티니아누스 1세(유스티니아누스 대제)가 529~565년에 걸쳐 로마법을 편찬한 법전의 이름이다. 정식명칭은 '시민법대전(Corpus Iuris Civilis)'이다. 그 명칭은 유스티니아누스가 직접 명명한 것은 아니며, 후세의 프랑스 로마법학자

---

2) 세계의 주요 법계를 보다 세부적으로 (ⅰ) 중국법계, (ⅱ) 인도법계, (ⅲ) 회교법계, (ⅳ) 로마법계, (ⅴ) 게르만법계, (ⅵ) 슬라브법계, (ⅶ) 영미법계 등으로 나누기도 한다.
3) 예링(Jhering)은 "로마는 무력과 종교와 법을 통하여 3번 세계를 지배하였다"고 하였다.

디오뉘시오스 고토프레두스(Dionysios Gothofredus)에 의하여 처음으로 총괄적으로 그렇게 불리게 되었다. 로마법대전은 다음의 것들로 구성되어 있다.

(ⅰ) 학설휘찬(學說彙纂, Digesta 또는 會典, Pandectae) - 법학자 트리보니아누스(Tribonianus)의 주재 하에 16인의 법률가로 구성된 위원회에 의해 530~533년에 편찬되었으며, 권위 있는 법학자들의 저술을 전부 수집·검토하여 가치 있다고 판단되는 부분을 모두 발췌하여 정리한 것이다(50권).

(ⅱ) 법학제요(法學提要, Institutiones) - 트리보니아누스의 감수 하에 가이우스(Gaius)의 저작인 법학제요 등 초기의 교과서를 주된 자료로 하여 533년에 편찬·간행된 것으로서, 초학자(初學者)의 법학교육을 위한 기초교과서 또는 개설서이다(4권).

(ⅲ) 칙법휘찬(勅法彙纂, Codex Vetus) - 유스티니아누스가 황제에 즉위한 직후인 527년에 10인 위원회에 의하여 시작하여 529년에 완성된 것으로서, 역대 황제들이 공포한 모든 율령, 즉 '칙법(constitution)'을 조사하여 모순되고 시대에 뒤떨어진 부분을 삭제한 후 당시의 상황에 맞게 모든 규정을 개작하여 정리한 것이다(10권). 이후 유스티니아누스 황제의 위임을 받아 트리보니아누스가 칙법전을 개정하였으며, 534년 말부터는 '개정 칙법휘찬(Codex repetitae praelectionis)'으로 시행하였다. 이에는 하드리아누스(Publius Aelius Trajanus Hadrianus) 황제시대부터 시작하여 534년까지의 칙법이 수록되었다.

(ⅳ) 신칙법(新勅法, Novellae Constitution or Novels) - 534~565년에 걸쳐 유스티니아누스 황제가 사망할 때까지 공포된 158개의 칙법을 유스티니아누스 황제의 사후에 사인(私人)이 정리한 것이다.

(2) 게르만법

게르만법은 게르만 민족의 고법(古法)을 말한다. 게르만법은 초기는 관습법의 형태로서 도덕규범과 미분화되어 있었다. 이것이 사회생활규범에 대한 구체적인 문답형식으로 구전(口傳)되다가, 추상적인 격언 또는 법언의 형식(예, '종물은 주물에 따른다' 등)으로 요약되어 사회에 유포되었으며, 5C 중엽에 이르러 비로소 법전의 형식을 띠게 된다.

그러나 이후에도 게르만법은 주로 관습법의 형태로 계속해서 지배해 오다가, 13C 레프고우(Eike Repgow)가 「작센법전(Sachsenspiegel)」을 저술하면서 이것이 법전과 같은 효력을 가지게 되었고, 이후 다른 법률문서의 기초를 이루게 되었다. 그러다가 1495년 게르만 민족의 대이동이 끝나고 프랑크왕국이 건설되면서 로마법을 대폭 계수하기에 이르렀다.

<참고> 게르만민족과 법의 발달: (i) 북게르만 민족은 고대의 전통을 후대에 까지 유지하였으며, (ii) 동게르만 민족은 게르만 민족의 대이동을 통해 고전문화의 영향을 제일 먼저, 그리고 가장 많이 받았고, (iii) 서게르만 민족은 게르만법과 로마법을 절충시켜 발달시켰으며, 이후 유럽 내외의 여러 제국에 가장 큰 영향을 미쳤다.

(3) 대륙법계의 형성

로마법은 법조법(法曹法), 도시법, 상인법, 성문법주의, 공·사법의 구별, 개인주의 등을 내용으로 하는 반면, 게르만법은 민중법, 농촌법, 농민법, 법분열의 경향, 관습법주의, 공·사법의 융합, 단체주의 등을 내용으로 한다.

하지만 게르만 민족이 후대에 로마법을 계수함에 따라 게르만법은 로마법을 주축으로 하되, 게르만 민족의 관습법이 혼합되는 형태로 발달하였으며, 이것이 라틴지역과 게르만지역에서 동시에 연구·발달되었다.[4] 따라서 이를 로마·게르만법계라고도 한다. 이후 유럽각국에

---

4) 근대 이후 독일에서는 게르만 고유법은 보충적인 법으로 전락하였으며, 단지 '보통법'이라는 이름으로 적용되고 있을 뿐이다.

전파되어 각국의 고유법 요소와 결합한 채로 통일적인 법문화를 형성하게 되었다. 근대법의 제정에 있어서 유럽의 영향을 받은 일본은 물론, 이로부터 법을 계수한 우리나라와 중국도 기본적으로 대륙법계에 속한다.

2. 영미법계

영미법계는 영국에서 형성된 것으로서, 영국의 영향을 받은 미국, 오스트레일리아, 뉴질랜드 등 보통법(common law)계통의 국가에서 발전된 법계로서, 불문법주의를 채택하고 있다.

(1) 영국

종래 영국의 통상재판소에서 취급된 일반 국내법인 보통법(common law)은 불문법의 형태로 존재하는 것으로서, 계속성, 강인성, 배심제, 법지상주의, 선례귀속주의(先例歸屬主義)를 특징으로 한다. 따라서 이들은 판례법체계 형식을 띠게 되므로 판례집인 '연서(年書, Year Books)'가 가장 중요한 법원이 되었으며, 법조원 및 순회재판소의 활동에 의하여 영국법의 통일이 이루어졌다.

그러나 이러한 법체계가 상황에 따른 탄력성을 상실하고, 시대의 요청에 제대로 적응하지 못한다는 문제점이 지적됨에 따라 도덕률에 따라 이를 보정하기 위해서 왕의 고유재판권을 인정하게 되었으며, 이로 인해 '형평법(Equity Law)법원'이 탄생하기에 이르렀다. 여기에서는 보통법의 엄격성을 완화하였으며, 선례보다도 구체적 타당성을 중시하였고, 따라서 재판관의 재량권을 넓게 인정하였다.

이후 영국법체계는 보통법과 형평법의 이원주의 구조 하에 '형평법'을 우선시키는 형태로 발전되어 오다가 1873년 법원법에 의해 통일된 법원이 설립되어 오늘에 이르고 있다.

(2) 미국

미국은 영국법을 계수하였으나, 영국으로부터 독립한 후부터 남북전쟁에 이르는 미국법 형성기에는 영국법의 계수에 대한 반발로 프랑스법의 영향을 받기도 하였다(특히, 루이지애나 주).

이에 미국은 영국과 달리 성문헌법을 통해 기본권을 보장하고 있으며, 판례법우위의 국가로서 실질적·분석적 연구태도를 전제로 하여 사법부, 특히 연방대법원이 위헌법률심사권을 가지고 주도적 지위에서 판례법의 확립과 정비를 통해 법질서를 확립해 오고 있다(19C 이후 판례집 발간).

(3) 영미법계의 특색

영미법계의 특색으로는 다음의 점이 지적되고 있다. 즉, (ⅰ) 법관들이 개인 간의 분쟁을 해결하는 판결을 통하여 형성되는 판례법주의를 취하고 있고, 제정법은 특수한 법영역에 있어서만 제한적으로 존재한다. 따라서 법학자들의 견해보다도 판례 또는 법관의 의견이 중시되며, 법관이 법발전의 담당자(법전의 조종자)로 역할을 한다. (ⅱ) 소송의 목적은 실체적 진실발견에 의한 정의의 실현보다는 합리적인 분쟁해결에 중점이 있으므로 절차를 중시하고, 따라서 절차법규가 실체법규 이상으로 중요시된다. (ⅲ) 과거에는 법이 왕권과 연계하여 발달하였으며, 따라서 왕권과 국민 간의 관계와 소송절차를 규율하는 공법중심으로 발달하였기 때문에 본질적으로 공법적 성격을 띤다. (ⅳ) 초기에는 보통법과 형평법의 이원적 구조를 띠고 있었다. (ⅴ) 성문법은 보충적으로 적용되고 관습법이 중요시됨에 따라 그 사회의 고유한 가치적 요소들이 강하게 작용하고 있다.

〈참고〉 사회주의법계와 이슬람법계

가. **사회주의법계** – 사회주의법계는 원래 로마·게르만법계통에 속하는 국가들이었으나 변증법과 역사적 유물론에 입각한 마르크스주의(Maxism)의 영향에 의해 변질된 것으로서, 과거 소련을 위시한 공산주의 법계통을 말한다. 이들 법계에서는 마르크스주의에 의해 생산수단이 국유화됨으로써 사법(私法)은 위축되고 공법이 발전하였으며, 이론상으로는 법규정은 지배계급이 비지배계급을 탄압·착취하기 위한 수단이라고 하면서 국가와 법의 소멸을 주장하였다. 따라서 법규정의 제정, 적용 및 해석에 있어서 법의 내용보다는 공산주의 이념을 최우선시하는 등 전통적인 대륙법계와 상당한 차이가 있다.

나. **이슬람법계** – 이슬람법계는 이슬람교를 믿는 국가를 중심으로 한 법계통을 말한다. 이슬람법계에서는 이슬람교에서 신봉하고 있는 알라신(Allah神)의 뜻을 법의 효력근거로 보고, 현실세계에서 법을 제정하는 입법자의 권위를 인정하지 않는다. 따라서 이슬람법계에서는 법과 종교가 철저하게 일치하며, 사회변화에 따라 변화하는 현실세계의 제정법보다 변경될 수 없는 알라신의 뜻에 따르는 것이 보다 중요시되고 있다. 따라서 이슬람법의 역사적 변천과정은 의미가 없으며, 연구내용도 이미 존재하는 법을 확인하거나 구체화하는 것을 의미함에 불과하다.

　이슬람법계는 (i) 632년 모하메드 사망 후 만들어진 코란(Koran)을 최고의 법원으로 하며, (ii) 이슬람교 발생 이전에 아랍에서 부족의 선조들이 제정하여 규범으로 채택하고 공동체 전체가 실천했던 선례, 즉, 이슬람교도 공동체의 전통적인 사회적·법률적 관습인 순나(Sunna)가 주요 법원으로서 코란의 내용을 보충하거나 코란에 언급되지 않은 사항들에 대한 법률적 판단의 기초가 되었다. 그러나 19세기 이슬람사회는 서구의 영향으로 민법·상법·형법 등에서 많은 변화가 일어났으며(서구화), 오늘날 대부분의 이슬람국가는 기존의 전통을 유지하면서도 상당부분 서구화하여 유럽형 세속법으로 개정을 하고 있다.

3. 법계 상호 간의 관계

교통이 발달하면서 세계적으로 국가 간, 민족 간 교류가 활발해짐에 따라 로마·게르만법계와 영미법계 간에는 상호 빈번한 접촉으로 인해 서로 많은 영향을 끼쳤다. 즉, 대륙법계는 그리스도교 도덕의 영향을 받았고, 특히 르네상스 이후에는 개인주의와 인권개념이 법제도에 깊이 반영되었다. 또한 영미법계에서는 현대의 복잡한 사회생활을 규율하기 위해 법규칙 제정이 일반화되었으며, 실체적 해결도 중요시하게 되었고, 그 내면에 있어서 정의의 이념도 받아들이게 되었다. 그래서 이들을 모두 포함하여 '서구법(西歐法)'이라고 한다. 오늘날에는 이스라엘, 남아공화국, 필리핀 등, 양 법계의 중간형태를 띠고 있는 국가도 다수 출현하였다.

한편, 20C에 들어서는 수정자본주의하에서 민주주의의 기본이념인 자유·평등 외에 시민의 복지가 강조되면서 서구법에서도 사회주의법계의 영향을 상당히 받고 있다. 그 예로는 주요 기업의 국영화, 주요 서비스업의 공영화 등을 들 수 있다. 뿐만 아니라 일부 사회주의 국가들에서도 국가통제경제를 유지하면서도 경제적 발전을 위하여 개인의 사유재산권의 인정, 일부 산업의 경제활동의 자유의 보장 등 서구자본주의에 기반한 제도를 인정하는 법률들을 제정·시행하고 있다.

제 9 장

법 원

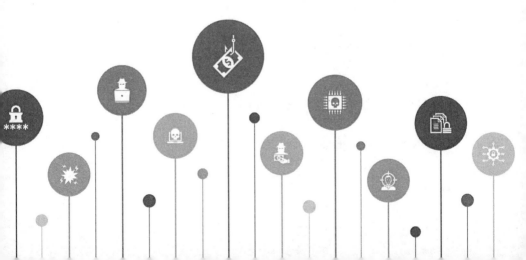

법 원

법원(法源)이란 법의 존재형식 또는 현상형태, 법을 형성하는 원동력(법을 구성하는 재료) 또는 법이 규범으로서 가치가 인정될 수 있는 근원(법을 제정하는 힘)을 나타내는 의미로 사용된다. 전자를 형식적 법원, 후자를 철학적 법원 또는 실질적 법원이라고 한다. 여기서 법원은 전자, 즉 형식적 법원을 말하는 것으로서, 개별 구체적 법규칙이 객관적으로 존재하거나 제정되는 법형식을 의미한다.

1. 법원의 종류

법원은 크게 성문법과 불문법으로 나누어진다.

(1) 성문법과 불문법의 의의

성문법은 제도상 입법권을 가진 자에 의해 문장의 형식, 즉 문자로 표현되고 문서의 형식을 갖춘 법을 말하며, 일정한 절차와 형식에 따라서 공포된 것을 말한다. 주로 대륙법계의 입법태도이다. 반면에, 불문법은 사회생활 속에서 구성원 일반이나 법관 또는 법학자, 기타 전문가들이 한결같은 반복된 행위에 따라 점차적으로 의무감이 발생함으로써 자발적으로 형성되는 법을 말한다. 주로 영미법계의 입법태도이다.

그러나 오늘날 양자의 구별은 형식적이고 절차적인 것에 불과하며, 그 내용면에서 보면, 양자 모두 사회구성원 일반이 법제정의 주된 세력이고, 그 내용이 그 사회의 합리적 가치요소를 포함하고 있다는 점에서 사실상 차이가 없다.

(2) 성문법과 불문법의 장·단점

성문법의 장점은 다음과 같다. 즉, (ⅰ) 문서에 의해 법규의 존재 및 그 의미가 명확하게 되므로 법적 안정성이 있으며, 이것은 자본주의 경제발전의 원동력이 되고 있다. (ⅱ) 입법기간이 짧으며, 입법정책을 통하여 발전적 방향으로 사회제도를 개혁해 나갈 수 있다. (ⅲ) 법이 명확하게 존재하므로 국가권력의 전횡에 대해 국민의 자유를 보호하는데 유효하다. (ⅳ) 법규를 찾아보기가 극히 편리하고, 법규의 내용을 일반 국민에게 알리기에 적합하며, 특히 국가 간의 거래에 있어서 법규의 내용을 쉽게 파악할 수 있다는 점에서 중요한 의의를 가진다. 그러나 이것들은 불문법의 단점이 된다.

반면, 성문법의 단점은 다음과 같다. 즉, (ⅰ) 법의 내용이 입법자의 자의에 흐를 염려가 있으며, 다수의 자가 입법절차에 참여하게 되므로 그 내용이 철저하지 않고 서로 모순을 내포할 우려가 크다. (ⅱ) 문장으로 표현되므로 법적 표현의 특수성으로 인해 용어선택에 난점이 있으며, 따라서 법률전문가가 아니면 법규의 진실한 내용을 파악하기에 어려움이 있다. (ⅲ) 법의 제·개정이 쉽지 않기 때문에 항상 변천하는 사회생활의 현실적 수요에 즉시 대응하지 못하게 됨에 따라 실효성이 떨어질 수 있다. 그러나 이것들은 불문법의 장점이 된다.

(3) 성문법과 불문법의 관계

일반적으로 성문법은 불문법과 달리 이상적 요소를 포함하게 되므로 윤리적 의미에서 또는 사회기술적 의미에서 개혁적이고 진보적이다. 그래서 근대국가에서는 이러한 제정법을 통해 국가가 추구하는 이상(理想)의 실현을 도모하고자 하므로 대부분의 국가에서는 불문법보다는 성문법에 우월한 지위를 보장하고 있다. 우리나라도 원칙적으로 대륙법계의 성문법주의를 채택하고 있으며, 불문법은 원칙적으로 성문법에 대해 보충적 효력을 가지는 것으로 하고 있다. 즉, 민법 제1조에서는 "민사에 관하여 법률에 규정이 없으면 관습법에 의하고 관습법이 없으면 조리에 의한다"고 규정하고 있다. 또한 상법 제1조에서는 "상사에 관하여 본법에 규정이 없으면 상관습법에 의하고 상관습법이 없으면 민법의 규정에 의한다"고 규정하고 있다.

그러나 전술한 것처럼 근래에는 영미법계에서도 불문법의 형태인 보통법(common law)를 수정하고 보충하기 위해 법체계가 성문화되어 가는 경향에 있다.

2. 성문법

(1) 헌법

헌법은 국가의 조직과 통치작용, 그리고 국민의 권리·의무에 관한 기본이 되는 골격을 규정한 기본법이다. 헌법은 국가의 최상위법이므로 하위법은 이에 위배해서는 아니 된다(위헌법률심사제 채택). 우리나라의 헌법은 1948년 7월 12일 제정되고, 동년 7월 17일 공포되어 제정된 이래로 지금까지 9차(1987.10.29)에 걸쳐 개정되었으며, 현재에는 전문과 10장 130개조 부칙 6개조로 구성되어 있다.

(2) 법률

법률은 좁은 의미의 법률로서, 헌법에 근거하여 국회의 의결을 거쳐 제정·공포된 법을 말한다. 근대 이후의 민주주의 국가에서는 법치주의의 요청 하에 국민의 권리와 의무에 직접 관계되는 사항은 법률의 형식을 통해 제정하도록 하고 있다. 헌법상 입법권은 국회에 있다(헌법 제40조 참조).

(3) 명령

명령은 행정관청에 의하여 제정되는 법령을 말한다. 이것은 법률보다 하위법이지만 오늘날 행정이 비대화되고 전문화됨에 따라 그 중요성이 증가되고 있다.

이것은 제정권자가 누구인가에 따라 (i) 대통령령, (ii) 총리령, (iii) 부령으로 나누어진다. 또한 그 성격에 따라 (i) 법률을 집행하기 위해 필요한 사항을 정한 집행명령(시행령)과 위임된 범위 내에서 입법사항에 관하여 정한 위임명령(보충명령) 또는 (ii) 법률 또는 대통령령에서 위임된 사항을 정한 위임명령과 헌법이나 법률의 수권 없이 그 직무권한 범위 내에서 당연히 발할 수 있는 직권명령으로 나눈다. 후자의 직권명령에는 협의의 행정명령(행정규칙)과 집행명령이 포함된다.

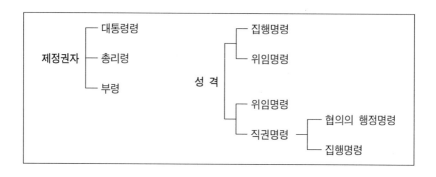

(4) 규칙

규칙은 자율성을 극히 존중해 주어야 할 국가기관이 그 소관사무에 관하여 법률에 저촉되지 않는 범위 내에서 내부규율과 사무처리에 관하여 제정하는 법규를 말한다. 대법원규칙, 국회의사규칙, 중앙선거관리위원회규칙 등이 이에 해당한다. 규칙은 대체로 법률의 하위에 있는 것으로, 명령과 동등한 효력을 인정하고 있다.

(5) 자치법규

지방자치단체는 지방자치의 취지에 따라 법령의 범위 내에서 그 자치에 관련된 법규를 제정하는데, 이것을 자치법규라고 한다. 이에는 (ⅰ) 법령에 따라 지방의회의 심의와 의결을 거쳐 제정하는 자치법규인 조례와 (ⅱ) 지방자치단체의 장이 법령 및 조례에 따라 단독으로 제정하는 법규인 규칙이 있다. 다만, 이러한 자치법규는 관련 지방자치단체의 관할구역 내에서만 효력을 발생한다.

(6) 국제성문법

국제성문법은 국제사회의 법으로서 국가 간의 동등한 관계를 규율하는 성문법을 말한다. 헌법에서는 이들 체결·공포된 조약과 일반적으로 승인된 국제법규는 국내법과 동등한 효력을 갖는 것으로 하고 있다(제6조 제1항). 국제성문법에는 다음의 것들이 있다.

1) 일반조약

조약은 그 명칭에 관계없이, 그리고 1개의 문서로 되어 있거나 여러 부속문서가 있든 간에 국제법의 주체[1]들이 일정한 법률효과를 발생시키기 위하여 체결한 국제법의 규율을 받는 합의결정을 말한다. 이에는 조약, 협정, 협약, 헌장, 결정서, 의정서, 각서 등이 있다. 이러한 조약은 국무회의의 심의를 거쳐 대통령이 체결·비준하여야 하며, 상호원조 또는 안전보장에 관한 조약, 중요한 국제조직에 관한 조약, 우호통상항해조약, 주권의 제약에 관한 조약, 강화조약, 국가나 국민에게 중대한 재정적 부담을 지우는 조약 또는 입법사항에 관한 조약의 체결과 비준에 있어서는 국회의 동의를 받아야 한다(헌법 제60조 제1항).

2) 국제기구법규

UN헌장 등 국제기구의 기본법인 설립헌장이나 세계보건기구의 위생·격리조치 등 당해 국제기구의 활동을 위해 제정한 강제규칙도 회원국을 구속한다는 점에서 국제법의 법원이 된다.

---

1) 오늘날 국제법의 주체는 국가나 국제기구에 한정되지 않으며, 국제조약에 의하지 않고 사인(私人)들이 국제적으로 설립한 기구인 비정부기구(예, 다국적기업 등)도 해당된다.

3) 지역공동체의 법규

유럽경제공동체(EEC)의 법규 등 세계의 특정 지역 간의 법규도 그 지역국가나 가입국가를 구속한다는 점에서 국제법의 법원이 된다.

3. 불문법

(1) 관습법

1) 의의

관습법은 국가기관의 입법기관에 의하여 제정된 것이 아니고, 사회생활 속에서 그 사회구성원들의 반복된 행위를 통하여 점차 의무감이 굳어져서 자발적으로 형성된 법규범을 말한다.

2) 성립기초

(가) 관행설

관행설은 어느 사항에 있어서 일정한 행위가 계속·반복되어 관행이 되면, 그 관행이 관습법이 된다는 견해이다. 대표적인 학자로는 치텔만(Ernst Zitelmann)이 있다.[2]

그러나 이 설에 대하여는 관행이 아무리 반복되어도 의무감이 생기지 않으면 법규범이라고 할 수 없고, 선례가 1~2번 반복되어도 관습법이 될 수는 없으며, 관습이 왜 관습법이 되는가에 대하여 설명을 하지 않고 있다는 비판이 있다.

---

2) 비노그라도프(Vinogradoff)는 관습이 법적 효력을 가지는 요건으로서 (ⅰ) 확정될 것, (ⅱ) 계속될 것, (ⅲ) 초기억적인 시대부터(영국은 1189년 이전부터) 존재할 것 등을 들고 있다.

(나) 법적 확신설

법적 확신설은 사회의 다수인이 어떤 관습적인 것을 법이라고 확신함으로써 그것이 관습법이 된다는 견해이다. 사비니(Savigny) 등 역사법학자의 입장이다.

그러나 이 설에 대하여는 국가법적 견지에서는 법적 확신이 입법 소재에 불과하고, 관습에 대해 왜 법적 확신이 생기는가를 설명하지 못한다는 비판이 있다.

(다) 국가승인설

국가승인설은 국가가 어떤 관습의 내용을 법으로써 승인함으로써 관습법이 성립한다는 견해이다. 이 설은 국가만능주의적 법률관에 기초하고 있다. 라송(Adolf Lasson), 빈딩(Karl Binding) 등 법을 주권자의 명령으로 보는 헤겔(Hegel)학파의 입장이다.

그러나 이 설에 의하면 관습법의 성립 여부는 법관의 재판에 의해 확인되게 되는데, 그렇게 되면 법관이 관습법이라고 인정해야 관습법으로 효력을 발생하는 것이 되어 부당하다는 비판이 있다. 즉, 법관은 관습법의 성립유무를 확인하는 것에 불과하다는 것이다.

(라) 소결

관습이 법규범으로서 효력을 가지기 위해서는 오랫동안의 관행만으로는 미흡하고, 그것이 그 사회구성원의 권리·의무에 관한 내용을 가지며, 구성원들이 법규범으로서 이를 준수하도록 강제받는다는 확신을 가지게 될 때 법으로서의 효력이 있는 것으로 보아야 한다. 따라서 법적 확신설이 타당하다.

3) 성립요건

법적 확신설에 따라 관습법의 성립요건을 보면 다음과 같다. 즉, (ⅰ) 관행이 존재하여야 한다. 따라서 동종사항에 대하여 동종행위가 오랫동안 계속·반복되어야 한다. (ii) 관행의 가치에 대한 법적 확신이 있어야 한다. 이 점에서 관습법은 사실인 관습과 구분된다. (iii) 관행이 선량한 풍속 기타 사회질서에 위반하지 않는 것이어야 한다. (iv) 관행이 법령의 규정에 의하여 인정되거나 그 내용이 법령의 규정에 없는 사항이어야 한다. 즉, 기존의 관행이 법령에 규정되면 그때부터는 불문법인 관습법이 아니라 성문법이 되는 것이며, 법령에서 관습과 다른 내용을 규정하게 되면 성문법 우선의 원칙에 의하여 법령의 내용에 따르게 되고 관습은 적용되지 않는다. 따라서 관행이 관습법이 되기 위해서는 관행과 동일하거나 상이한 내용이 법령의 규정에 존재하지 않아야 한다.

4) 효력

(가) 사실인 관습과의 관계

사실인 관습과 관습법은 다음의 점에서 서로 구별된다. 즉, (i) 사실인 관습은 당사자의 의사가 불명확한 경우에만 법적인 효력 및 의사의 내용으로 해석된다. 그러나 관습법은 법률이므로 강행규정인 경우에는 당사자의 의사와 상관없이 법으로서 효력을 나타낸다. (ii) 법원의 판결이 관습법에 위반한 때에는 법률위반이 되므로 상고이유3)가 되지만, 사실인 관습은 법률이 아니므로 사실인정의 문제에 불과하다. (iii) 상행위(商行爲)에 대해서는 상관습법, 민법, 사실인 상관습의 순으로 적용하도록 함으로써 상관습법은 민법에 우선하여 적용되지만, 사실인 상관습은 민법에 규정이 없는 경우에 한해 적용된다. (iv) 민법 제106조에서는 "법령 중의 선량한 풍속 기타 사회질서에 관계없는 규정과 다른 관습이 있는 경우에 당사자의 의사가 명확하지 아니

---

3) 민사소송법 제423조(상고이유) 상고는 판결에 영향을 미친 헌법·법률·명령 또는 규칙의 위반이 있다는 것을 이유로 드는 때에만 할 수 있다.

형사소송법 제383조(상고이유) 다음 사유가 있을 경우에는 원심판결에 대한 상고이유로 할 수 있다.

1. 판결에 영향을 미친 헌법·법률·명령 또는 규칙의 위반이 있는 때

한 때에는 그 관습에 의한다"고 규정함으로써 민사에 관하여 사실인
관습은 당사자의 의사가 명확하지 않은 경우에 한하여 임의법규에 우
선하여 해석의 기준이 된다. 하지만 민사에 있어서 관습법은 민법에
규정이 없는 경우에는 법원으로서 직접 적용된다.

> **〈참고〉 상관습법과 민법의 적용 우선순위:** 상법 제1조에서는 "상사
> 에 관하여 본법에 규정이 없으면 상관습법에 의하고 상관습법이 없
> 으면 민법의 규정에 의한다"라고 규정함으로써 상관습법이 민법에
> 우선하는 것으로 하고 있다. 그러나 이것은 '특별법 우선의 원칙'에
> 따른 것으로, 상관습법은 합리적이고 진보적 성격을 띠며, 상인적인
> 합목적적 사고가 작용하므로 복잡한 상거래의 특성을 고려하여 상
> 거래를 원활히 수행하기 위해 민법에 우선하여 적용하도록 하고 있
> 는 것이다.

(나) 성문법과의 관계

관습법에 대하여 성문법의 개폐효력을 인정할 것인가, 아니면 보
충적 효력만을 인정할 것인가가 문제된다. 로마법시대에는 관습법에
대하여 성문법의 개폐효력을 인정하였지만, 근대에 들어와서는 국가
권력의 강대화와 자연법사상에 의하여 관습법을 부정하기도 하였다(성
문법만능주의). 그 예로 1804년 불란서 민법, 1811년 오스트리아 민법
등을 들 수 있다. 그러나 19C에 들어와서는 역사법학파에 의해 관습
법의 존재가 부각되면서 성문법에 대한 보충적 효력이 인정되기에 이
르렀으며, 특히 공법보다 사법의 영역에서 관습법의 기능이 중요시되
고 있다.

우리나라에서는 민법 제1조에서 "민사에 관하여 법률에 규정이
없으면 관습법에 의할 것"을 규정함으로써 관습법의 보충적 효력만을
인정하고 있다. 그러나 국제법의 경우에는 전술한 것처럼 헌법 제6조
제1항에서 "헌법에 의하여 체결·공포된 조약과 일반적으로 승인된 국

제법규는 국내법과 같은 효력을 가진다"고 함으로써 양자 사이에 동등한 효력을 인정하고 있다. 이것은 국제사회의 조직이 아직 미약하기 때문에 국제법의 성문체계가 충분히 확립되어 있지 않다는 특수사정을 고려한 것으로 보인다. 따라서 국제관계에서는 어느 것을 우선시킬 것인가는 구체적으로 적용되는 법규칙의 성격과 내용 및 제정시기 등을 기준으로 판단하여야 한다.

(2) 판례법

1) 의의

판례법은 법원에 의해 일정한 법률문제에 관하여 동일한 취지의 판결이 반복되고, 그 후 동종의 사안에 관하여 사실상 법원을 구속하게 되는 불문의 규범을 말한다. 이것은 법원에서 형성된 관습법의 특수한 형태라고 할 수 있다.

2) 효력

불문법주의를 취하고 있는 영미법계에서는 판례 그 자체가 독립한 법원이며, 법의 원천이 된다(선례구속의 원칙). 특히, 미국의 경우에는 연방대법원이 헌법상 위헌법률심사권을 가지므로 그 판결이 최고의 권위 있는 판례법이 되고 있다. 하지만 성문법국가에서는 판례의 기판력이 원칙적으로 해당 사건과 그 사건의 당사자에게만 미치며(기판력 상대성의 원칙), 다른 사건과 관련하여서는 법원에 대해 법적으로 직접적인 구속력을 가지지 않는다. 따라서 법관은 재판을 함에 있어서 다른 사건에서 행한 동급 및 상급법원의 판결에 구속받지 않고 헌법과 법률에 의하여 그 양심에 따라 독립하여 심판하여야 한다(헌법 제103조). 이와 같이 성문법국가에서는 일반적으로 판례법의 법원성이 부인된다.[4]

우리나라에서도 상급법원 재판에서의 판단은 해당 사건에 관하여 하급심(下級審)을 기속(羈束)하는데 지나지 않는다(법원조직법 제8조). 그러나 대법원이 종전에 대법원에서 판시(判示)한 헌법·법률·명령 또는 규칙의 해석·적용에 관한 의견을 변경할 필요가 있다고 인정하는 경우에는 전원합의체에서 2/3 이상의 동의를 얻도록 하고 있다는 점(법원조직법 제7조 제1항)을 고려하면 대법원의 판결은 해당 사건뿐만 아니라 판결 이후의 다른 사건들에 있어서도 사실상 구속력이 있는 것으로 보아야 한다. 이처럼 대륙법계 국가에서도 판례는 그 자체가 하나의 구체적 사실과 결합하여 형성되기 때문에 그 이후의 사건들에서 성문법의 일반적 구속력보다도 훨씬 강하게 작용하며, 그 형성과정에서 법적 용어를 규명하고 법규정의 해석을 통해 적용범위를 확정하는 등, 입법적 기능까지 수행한다는 점에서 사실상 '살아있는 법'으로서의 기능을 하고 있다.

(3) 조리

1) 의의

조리는 그 사회의 합리성을 의미한다. 즉, 조리는 국가에 의해 승인된 사회생활의 원리로서 사람의 건전한 상식으로 판단할 수 있는 사물자연의 이치를 말한다. 조리는 공서양속, 사회통념, 경험법칙, 사회적 타당성, 사회상규, 형평, 정의 등으로 표현되기도 한다.

2) 조리의 법원성

조리는 현행법질서를 유지하기 위해 현실적으로 사회생활을 규율하는 법적 규범으로서 법원이 된다. 현실적으로 성문법의 흠결은 불가

---

4) 대륙법계에서도 19C말 자유법론자들 중 자유로운 법의 발견을 주장하는 학자들은 판례법의 성립을 시인하고 있다.

피한 것이지만, 그렇다고 하여 법원은 법규정이 없음을 이유로 재판을 거부할 수가 없다. 따라서 법관은 성문법이 흠결된 경우에는 조리에 따라 판결하여야 한다. 민법 제1조에서는 "민사에 관하여 법률에 규정이 없으면 관습법에 의하고 관습법이 없으면 조리에 의한다"고 규정함으로써 조리를 민사에 있어서 법원으로 인정하고 있다. 또한 형법 제20조에서도 '사회상규에 위배되지 아니 한 행위'는 정당행위로서 벌하지 아니한다고 규정하고 있다. 여기서 사회상규란 "법질서 전체의 정신이나 그 배후에 놓여 있는 사회윤리 내지 사회통념에 비추어 용인될 수 있는 행위"를 말하는 것으로 사실상 조리와 그 의미를 같이 한다.

그러나 이러한 조리의 법원성의 인정에 대하여, 조리는 사회생활상의 관계를 규율하는 법규범의 흠결을 보충할 해석상 또는 재판상의 궁극의 표준이 되는데 그치고, 법적용상의 이념에 불과하므로 법 그 자체로는 볼 수 없다는 견해가 있다. 하지만 조리에 의하여 재판한다는 것은 정의·형평 등 법이 원래 따라야 할 원리 그 자체에 의거한다는 것을 의미하므로, 조리가 재판규범이 되는 것은 조리 자체의 본질적 성격에 기인한 것이라고 할 것이다.

4. 기타 법원성이 문제되는 것

(1) 자치법

자치법이란 협의로는 지방자치단체 기타의 공법인이 국가로 부터 부여받은 입법권의 범위 내에서 제정하는 법규를 의미하지만, 광의로는 공익법인, 영리법인 및 상호보험회사의 정관 등을 포함한다. 그러나 사법인(私法人)의 정관이 법원성을 갖느냐에 대하여 사법인의 설립행위를 설립자 간의 계약의 법리로 이해하는 입장에서는 부정하지만, 사단법상의 특수한 행위로 보는 입장에서는 이를 인정한다.

〈참고〉 **상호보험회사:** 상호보험회사는 보험업법에서 특별히 인정된 특수형태로 설립되는 사단법인으로서 보험을 하고자 하는 것을 목적으로 다수인이 결합하여 보험단체를 결성하고, 그 구성원인 보험계약자 상호 간에 보험을 하는 (이를 상호보험이라 한다) 비영리법인을 말한다.

(2) 학설

학설은 법학자들에 의해 법원리나 법이념 또는 법해석 등과 관련하여 이론적으로 주장되는 견해로서 관습법과 유사한 성격을 갖는다. 학설은 입법자가 법을 제·개정하는 경우는 물론, 국가가 법을 집행할 때 또는 법관이 재판을 할 때에 이론적 근거 또는 기초자료가 되고, 실제 사적 거래나 생활에서 관습법 발생의 원인으로 되는 경우도 있다. 하지만 학설은 그 자체로서 직접적으로 규범성을 가지거나 강제적인 효력을 가지는 것은 아니므로 법원성이 인정되는 것은 아니다.

제10장

법의 체계

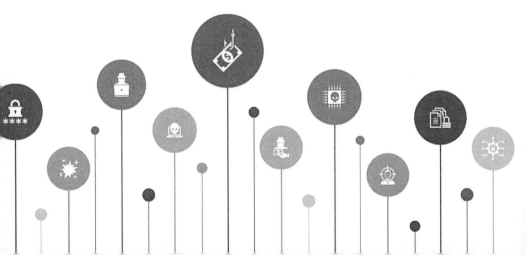

법의 체계

법의 체계에 대한 분석은 산만하게 흩어져 있는 모든 법규칙을 크고 작은 여러 기준에 따라 정돈하여 분류하고, 이를 다시 계통을 수립하여 논리적 통일성에 맞추어 정비함으로써 구체적인 법률생활의 안정·신속·확실과 원활을 기하고자 하는 것이다. 이러한 분석은 일정한 분야의 법규칙으로 조직되는 어떤 사회관계의 유형전체인 '법률제도'(예, 결혼제도, 선거제도, 소유제도 등)를 기준으로 하되, 이를 다시 상·하위로 나누고(예, 매매와 임대차는 계약의 공통된 유형임), 이것을 다시 다른 그룹과 공통된 유형을 찾아 정돈하는 것이다(예, 계약, 물권, 부당이득은 재산법으로, 이것이 다시 가족법과 합쳐 민법영역을 이룬다).

이와 같이 법규칙들은 다시 일정한 법원칙에 따라 정돈되고, 배열되어 민사법, 형사법 등 일정한 법적 체계에 도달하게 된다. 이 법적 체계는 각각의 법적 공동체(예, 한국 – 헌법을 기본으로 하여 하나의 실정법 체계를 형성한다)를 단위로 하여 하나의 통일된 법적 체계로 연결된다.

1. 국내법과 국제법

국내법과 국제법의 구별은 법을 인정하는 주체 및 법이 효력을 가지는 지역적 범위에 따른 분류이다.

(1) 의의

국내법은 하나의 국가에 의해 한정되고, 그 국가의 주권이 미치는 범위 내에서만 시행되는 법을 말한다. 이것은 한 국가의 단독의사로서, 국가와 개인 간의 관계 또는 개인 상호 간의 관계를 규율한다.

국제법은 종래에는 국가 간의 합의에 의하여 성립되는 법으로서, 국가 상호 간의 권리·의무관계를 규정하는 법을 의미하는 것으로 인정되어 왔다. 그러나 오늘날에 있어서는 다양한 국제단체가 조직되고, 국제관계에서 개인의 지위가 향상되고 영향력이 강화됨으로써 국제법이란 국제사회의 법으로서, 국가, 국제단체 및 개인에 관하여 규정한 법으로 정의되고 있다. 국제법은 (ⅰ) 국제사회 일반에 그 효력을 미치는 일반국제법과 (ⅱ) 특정한 2개국 또는 수 개국 사이에서만 효력을 가지는 특수국제법이 있다.

> 〈참고〉 국제법의 법부인설: 국제법에 대하여는 입법절차가 각 국가 간의 승인에 의해 강행되어지고, 강행하는 조직적 사회력도 국내법보다 미약하며, 그 위반을 판정하는 재판기구나 그에 의한 제재도 매우 약하고 불완전하다는 점에서 법이 아니라고 하는 견해가 있다. 그러나 국제법의 발달이 미흡하고 제대로 적용·강제되지 못하고 있는 것은 국제사회가 아직 불완전한 조직이기 때문이다. 하지만 오늘날 각종 국제단체가 조직적 사회력을 가지고 국제법의 법규범성을 한층 높여주고 있으므로 이러한 비판은 타당하지 않다.

(2) 양자의 관계

국내사회가 모여서 국제사회가 형성되므로 국내법과 국제법은 서로 밀접한 관계를 맺고 있다. 그러나 그 제정의 형식절차가 다르므로 충돌하는 경우가 있는데, 이때 어느 것을 우선하여야 할 것인가가 문제된다.

1) 일원설

일원설은 객관주의 입장에서 법질서란 결국 같은 것이며, 따라서 국내법과 국제법은 하나의 체계를 구성하는 2가지 요소에 불과하다고 하는 견해이다.

이에는 국제법의 성립기반도 국가법에 의하므로 국내법과 국제법이 충돌할 경우에는 국내법이 우선한다는 국내법우위설과 국제법이 우선한다는 국제법우위설이 대립하고 있다. 후자의 근거에 대하여는 (ⅰ) 개별국가보다 국제공동체가 우위라는 견해(페어드로스, Verdross), 쿤츠(Kunz), (ⅱ) 사회 간 규범이 사회 내 규범보다 우위라는 견해(셸, G. Scell), (ⅲ) 부분사회에 타당한 규칙보다 전체사회에 타당한 규칙이 우선이라는 견해(자연법론) 등이 있다.

국제법우위설은 1932년 폴란드 단치히(Danzig)에서 있었던 국제사법재판소의 '폴란드 국민의 대우에 관한 판결'에서 천명된 이래 국제판례상 일관된 원칙이다. 1969년 비엔나(Vienna)협약 제27조에서도 당사자가 조약의무의 불이행을 정당화하기 위하여 국내법 규정을 원용할 수 없다고 규정하고 있다.

2) 이원설

이원설은 고전적 법의사주의(法意思主義)에 근거하여 국내법과 국제법은 독립한 별개의 법체계에 속하는 이질적인 것으로 보는 견해이다. 양자는 다음의 점에서 완전히 구분된다는 것이다. 즉, (ⅰ) 법주체를 보면, 국내법은 개인이지만, 국제법은 국가·국제단체·개인이다. (ii) 법연원을 보면, 국내법은 국가의 일방의사이지만, 국제법은 국가들의 공동의사이다. (iii) 조직면에서 보면, 국내법에서는 개인보다 상위기관이 존재하고, 분쟁이 일어나면 국내법원에서 재판을 받으며, 그 판결은 국내기관이 집행한다. 반면에, 국제법에서는 국가보다 상위기관은 존재하지 않고, 분쟁이 발생하면 외교교섭이나 국제재판을 통해 해결하게 되지만 그 결정을 집행할 강력한 기관이 없다는 점 등이다.

> 〈참고〉 법의사주의: 법의사주의는 법규칙이 인간의사에서 나온 것이며, 인간의사를 통하여 존재한다는 주의를 말한다. 다만, 어떤 의사가 강제규범성을 제정하여 다른 의사를 강제하려면 상위의사이어야 하며, 이 상위의사는 곧 국가의사라고 한다. 이 태도는 고전적 실증주의와 연결된다.

3) 소결

이원설에 의하면 국제법과 국내법이 각각 그 내용에 국가기관에 대한 일정한 명령을 포함하고 있는 경우에는 서로 충돌가능성이 있으며, 이때 양자가 모순될 경우에 모순되는 2개의 규범이 동시에 효력을 갖는다는 것은 맞지 않으며, 국제법이 국내법에 또는 역으로 국제법이 국내법에 직접 적용되는 경우도 있음을 간과하고 있다는 비판이 있다. 우리나라는 일원설에 따르면서, 헌법에 의하여 체결·공포된 조약과 일반적으로 승인된 국제법규는 국내법과 동일한 효력을 갖는 것으로 하고 있다(헌법 제6조 제1항).

(3) 구별실익

국내법과 국제법을 구별하는 실익은 법의 적용범위와 적용대상의 차이에 있다. 국내법은 자국의 주권이 미치는 범위 내 또는 자국민에 대해서만 원칙적으로 효력을 가지지만, 국제법은 그 적용에 있어서 특정 국가 또는 그 국민에 한정되지 않고 당해 국제법을 승인한 국가나 집단 또는 개인에 대하여 효력을 가진다.

〈참고〉 **국제사법(섭외사법):** 국제사법은 국가 상호 간의 관계를 정하는 것이 아니라 한 국가 안에서의 그 국민과 외국인의 법률관계를 정하는데 있어서 자국법을 적용하느냐, 아니면 그 외국인의 본국법을 적용하느냐의 문제를 해결하기 위한 법이다. 즉, 어떤 법률관계에 관하여 어떤 나라의 법원이 재판을 하려고 할 때 그 법률관계가 여러 나라에 걸쳐져 있고, 각 나라의 법률이 서로 저촉되는 경우에 어느 나라의 법을 준거해야 할 것인가에 대하여 규정해 놓은 준거법이다.

　국제사법의 법적 성질에 대하여는 (ⅰ) 국내·외법의 적용의 문제는 모든 국가의 이해를 고려하여 정해야 하는 국제법적 성질을 가진 법이라고 하는 견해(국제주의적 국제사법설)와 (ⅱ) 국가로부터 일반인에 대하여 발해지는 명령이라는 견해(국가주의적·민족주의적 국제사법설)가 대립하고 있다. 통설은 국내법의 일종으로 보고 있다.

---

2. 공법과 사법

공법과 사법의 구별은 법의 내용에 따른 분류로서, 국가적 법률관에서 유래한다.

(1) 구별 필요성

공·사법의 구별을 부정하는 견해가 있다. 이에는 (ⅰ) 모든 이데올로기로부터 법을 해방시키고자 하는 것으로 국가와 법을 동일하게 생각하여 모든 정치적 관념을 내포한 공법을 완강히 거부하는 견해(켈젠, Kelsen), (ii) 국가를 가정이나 단체 등의 다른 인간공동체와 같은 자격으로 보는 견해(르나르, Renard), (iii) 국가의 인격성을 부정하고, 법률관계를 궁극적으로 사회연대성에 기초한 개인 간의 관계로 보는 견해(뒤기, Leon Duguit), (iv) 개인들 간의 법률관계를 포함하여 모든 현상이 국가에 속한 것으로 보는 견해(독일 나찌(Nazis), 구 소련의 독재체제 등) 등이 있다.

　　그러나 다음의 점에서 공·사법을 구별할 필요성이 있다. 즉, (i) 전술한 것처럼 공·사법의 배경·분야·역사가 다르며, (ii) 양 법률관계를 지배하는 정신 내지 원칙이 다르다. 즉, 사법관계는 개인의사의 자치가 강조되므로 가능한 한 법에 의한 간섭을 최소화하여 개인들의 법률관계를 자유롭게 유지하게 함으로써 사회생활의 원활한 발전을 도모하며, 개인 간의 법률관계에 있어서는 평균적 평등이 강조된다. 반면에, 공법관계는 국가권력의 남용을 방지하고, 개인의 기본권을 철저히 보장하기 위해 법치주의가 강조되고(법치행정), 가능한 한 법률관계 요건을 엄격히 설정하여 개인에 대한 간섭을 최소화하여야 할 뿐만 아니라 국가가 개인의 생활영역에 부득이 간섭하는 경우에도 배분적 평등이 강조된다. (iii) 사법제도상 대륙법계에서는 사법재판소와 행정재판소를 분리하여 후자가 행정사건을 관할하므로 양 재판소의 관할권을 배분하기 위해서도 양자의 구별은 필요하다.[1] 이외에 (iv) 공·사법은 그 성격과 지도원리가 다르므로 법률정책상, 법집행상 또는 법학연구에 있어서도 양자를 구별할 필요가 있다.

---

1) 영미법계에서는 모든 법률상의 쟁점은 사법재판소에서 관할한다. 우리나라에서는 그동안 모든 법률상의 쟁점은 사법재판소에서 관할하되, 공법상의 권리·의무관계에 관한 소송의 제1심은 소원전치주의에 따라 고등법원으로 하였다. 그러나 행정사건에 대하여는 1998년 3월 1일부터 특별법원인 행정법원의 관할에 의하고, 3심제로 운영되고 있다(법원조직법 제3조, 부칙 제1조).

(2) 구별기준

1) 이익설

이익설은 공법은 공익의 보호를 내용으로 하는 법이고, 사법은 개인적 이익의 보호를 내용으로 하는 법이라고 하는 견해이다. 3C초 로마의 울피아누스(Ulpianus)는 "로마국 자신에 관한 것은 공법이요, 각 개인의 이익에 관한 법은 사법이다"라고 하였다.

이 설에 대하여는 예를 들면, 형법은 개인의 생명과 신체 및 재산의 보호 외에 국가의 안전과 사회질서의 보호도 그 내용으로 하는 것처럼, 법은 원래 국가·사회생활에 관한 법이므로 공익과 사익의 조화를 도모하고 있으므로 공익과 사익의 구별이 어렵고, 또한 국가와 개인의 중간에 위치한 각종의 단체에 관한 법을 도외시하거나 무비판적으로 사법에 귀속시켜버린다는 비판이 있다.

2) 법률주체설

법률주체설은 공법은 국가 기타 공공단체 상호 간의 관계 또는 이들과 사인(私人) 간의 관계를 규율하는 법이고, 사법은 사인 상호 간의 관계를 규율하는 법이라고 하는 견해이다. 대표적인 학자로는 옐리네크(Jellinek) 등이 있다.

이 설에 대하여는 왜 국가 기타 공법인에 대하여 다른 모든 종류의 단체 및 사인 상호 간의 관계와 다른 취급을 해야 하는가를 명확히 설명하지 못하며, 국가가 도로건설을 위해 개인 업체와 사법상 계약을 체결하는 것은 사법관계에 해당하지만 이 설에 의하면 공법관계가 된다는 비판이 있다.

3) 법률관계설

(가) 제1설

이 설은 공법은 지배복종관계나 권력관계 또는 수직관계에 관한 법인데 반해, 사법은 평등관계 또는 수평관계에 관한 법이라고 하는 견해이다.

이 설에 대하여는 법은 항상 강제적 요소를 가지고 있으므로 반드시 국가기관의 보장적 개입이 예정되어 있으며, 국제법은 수평관계에서 적용되지만 공법이고, 친족법에서 친자관계는 수직관계이지만 사법이라는 것 등의 비판이 있다.

(나) 제2설

이 설은 공법은 통치관계에 관한 법으로서 국가와 국민의 관계에 대하여 규율하는 법이고, 사법은 비통치관계에 관한 법으로서 국민상호 간의 관계를 규율하는 법이라고 하는 견해이다.

이 설에 대하여는 통치관계를 국가권력의 대내적 발동만을 가리키는 것으로 보게 되면 국제법은 공법에서 제외된다는 비판이 있다.

(다) 제3설

이 설은 공법은 국가 내지 공적인 생활관계에 대한 법으로서 국가의 구성원자격에서 적용되는 것이고, 사법은 개인적인 생활관계에 대한 법으로서 개인으로서의 자격에서 적용되는 법규칙이라고 하는 견해이다. 이를 생활관계설이라고도 한다. 대표적인 학자로는 푸흐타(Puchta) 등이 있다.

이 설에 대하여는 공적인 생활과 개인적인 생활을 구별하는 표준이 불분명하다는 비판이 있다. 그 예로는 노사 간의 관계, 목욕탕 주인이 국가에서 정한 요금을 징수하는 행위 등을 들 수 있다.

4) 소결

공·사법의 구별에 관한 이론들은 법이 가지고 있는 일면만을 강조함으로써 양자를 구별하는 기준들은 한계를 가지고 있다. 따라서 공·사법을 구별함에 있어서는 여러 견해에서 제시된 기준들을 개별적 또는 경합적으로 반영시켜 판단하여야 한다. 이에 따르면 공법은 공익적·국가적·강제적·통제적 사물관계를 규율하는 법을 말하고, 사법은 사익적·사회적·임의적·비통제적 사물관계를 규율하는 법을 말하는 것으로 구별할 수 있다. 이러한 기준에 따르면 공법에 해당하는 것으로는 헌법, 행정법, 형법, 각종 소송법 등이 있고, 사법에 해당하는 것으로는 민법과 상법 등이 있다.

(3) 발달과정

공·사법의 구별은 애초 강대한 중앙집권적 국가가 존재하였던 로마법 아래에서는 국가권력과 직접 관계되는 것은 정치적인 것으로 생각하고, 개인관계만을 법률관계로 규정하려고 하는 의도를 가지고 공법관계를 법의 영역에서 제외하기 위해 인정한 것이었다. 따라서 영미법상 보통법(common law)과는 달리 로마·게르만법은 사법관계를 중심으로 발전하였다. 그러나 17·8C에 들어 근대 자연권론의 주장에 따라 국가권력을 제한하고, 개인의 기본적 권리를 보장하려는 입장이 등장하면서 대륙법계에서도 공법관계가 발달하기 시작하였다.

그러다가 자본주의의 발달로 18·9C 개인주의적 자유주의적 사회경제체제에 있어서 사적 자치가 최대한 인정되면서 사법질서를 규율하는 사법의 발달이 이루어지게 되었다. 하지만 20C에 들어와서는 각국이 복지국가를 지향함으로써 '사법의 공법화'경향이 나타나고 있다. 즉, 오늘날 대부분의 국가들이 복지국가를 지향함에 따라 부의 재분배나 경제의 안정적 발전을 위하여 개인의 사유재산은 물론 사적 거래에 있어서 사적 자치의 원칙을 수정하여 여러 가지 제한을 가하는 등 국민의 경제생활에 국가가 깊이 관여함으로써 공·사법의 융화현상이 두드러지고, 따라서 양자의 구별도 명확하지 않다. 더구나 공익법인, 영리회사, 각종의 직업단체 등이 '사회적'인 것으로 인식되는 한편, 자본주의의 발달에 따른 모순인 사회적 부정의를 억압하고, 그 폐해를 제거하기 위한 수단으로서 법의 역할이 확대되면서 공·사법의 중간에 위치하는 법영역인 '사회법'이 등장하게 되면서 이러한 현상은 가속화되고 있다. 이러한 경향은 21C 들어 더욱 심화되고 있으며, 급변하는 현대사회에서 국가가 능동적으로 대처할 것이 요청됨에 따라 국민생활의 전 영역에서 국가의 개입이 늘어나는 등, 공법영역이 더욱 확대되고 있다.

〈참고〉 **사회법:** 사회법은 사법의 원칙적 존재와 그 고유의 영역을 인정하면서 경제적인 약자를 보호하는 입장에서 공법적인 통제를 가하여 사인의 실질적 평등을 실현하려고 하는 법을 말한다. 즉, 국가가 사회중심적 사고에 입각해서 사회공공의 복지와 국민경제의 실질적 평등을 기하기 위하여 사법적 질서에 대하여 많은 간섭과 통제를 하고자 하는 것이다. 다만, 자유주의 국가에 있어서 사회법은 계급사상을 바탕으로 하는 사회주의법에 기초한 것은 아니고, 자본주의법의 원칙을 유지하면서 그 범위 내에서 복지국가의 이념에 따라 기업과 근로자의 이해를 조절하고, 소유와 이용의 조화를 꾀하며, 독점기업의 횡포를 억제하기 위해 이를 수정·보완하고자 하는 것이다.

　사회법에는 (ⅰ) 근로자에게 인간다운 생활의 보장을 유지시켜 주기 위한 노동법영역(근로기준법, 노동조합법, 노동쟁의조정법 등), (ⅱ) 기업가의 과도한 경제활동을 통제하기 위해 기업가를 대상으로 한 경제법영역(독점규제법 및 각종 경제활동관련 규제법 등), (ⅲ) 국가가 국민의 인간다운 생활의 보장을 위해 사회적 위험으로부터 국민을 보호하고 국민 삶의 질을 향상시키기 위한 각종 사회적 서비스의 제공이나 사회적 약자에 대한 직접적인 소득재분배를 내용으로 하는 사회보장법·사회복지법영역으로 구성된다.

3. 일반법과 특별법

일반법과 특별법의 구별은 적용되는 법의 효력범위에 따른 분류로서, 법령과 법령 사이의 구별이다.

(1) 의의

일반법은 사람, 사항, 장소에 대하여 일반적으로 넓은 효력범위를 갖는 법이고, 특별법은 그것들에 대하여 특수한 사정 때문에 좁은 효력범위를 갖는 법이다. 따라서 일반법은 보편적이고 추상적인데 반해, 특별법은 특수적이고 구체적이다.

그러나 양자의 구별은 상대적이다. 즉, (ⅰ) 적용되는 사람을 기준으로 하면, 일반인 모두에게 적용되는 민법·형법은 일반법인데 반해, 특정인에게만 적용되는 선원법, 군형법, 공무원법 등은 특별법이다. (ⅱ) 적용사항을 기준으로 하면, 민법은 사법관계 일반에 적용된다는 점에서 일반법이지만, 상법은 상사관계에만 적용된다는 점에서 특별법이다. (ⅲ) 적용되는 장소를 기준으로 하면 민법, 형법 등은 전국에 적용되는 일반법이지만, 각 시·도의 조례와 규칙은 그 지방 내에서만 효력을 나타낸다는 점에서 특별법이다.

(2) 구별실익

일반법과 특별법을 구별하는 실익은 법규정의 적용순서의 차이에 있다. 어떤 사안에 대하여 일반법과 특별법이 충돌하는 경우에는 특별법은 일반법에 우선하여 적용된다(특별법우선의 원칙). 다만, 이 원칙은 일반법과 특별법의 제정기관과 등급이 같은 경우에 적용된다.

4. 원칙법과 예외법

원칙법과 예외법은 법의 효력범위에 따른 분류로서, 어떤 특정 사
항에 관하여 동일한 조문 또는 동일한 법령 중에서 구별하는 것이다.

(1) 의의

원칙법은 일정한 사항에 관하여 원칙적으로 적용되는 법원칙이고,
예외법은 원칙법을 구체적인 경우까지 일률적으로 관철하게 되면 현
저히 불균형을 초래하는 경우에 일정한 예외를 인정하는 것이다. 예를
들면, 민법 제3조에 의해 사람은 생존한 동안 권리·의무의 주체가 되
므로 태아는 출생 전이라 법률상 생존한 사람에 해당하지 않으므로
원칙적으로 권리·의무의 주체가 될 수 없다. 하지만 민법 제762조에
서는 "태아는 손해배상의 청구권에 관하여는 이미 출생한 것으로 본
다"고 규정함으로써 예외적으로 불법행위에 대한 손해배상청구에 있
어서는 그 주체가 될 수 있도록 하고 있으며, 동법 제1000조 제3항에
서는 "태아는 상속순위에 관하여는 이미 출생한 것으로 본다"라고 규
정함으로써 상속인의 지위를 인정하고 있다.

(2) 구별실익

원칙법과 예외법을 구별하는 실익은 법해석방법 및 거증책임에

있어서 차이에 있다. 법의 해석에 있어서 원칙법과 달리 예외법은 엄격성이 요구되며, 원칙법은 그 전제가 되는 사실을 주장하는 측(원고)에 거증책임이 있지만 예외법의 경우에는 그 전제되는 사실을 부인하는 측에 거증책임이 있다.[2]

5. 강행법과 임의법

강행법과 임의법의 구별은 법의 내포성에 따른 분류이다.

(1) 의의

강행법은 당사자의 의사에 관계없이 적용되는 법이고, 임의법은 당사자가 그 법의 규정과 다른 의사표시를 한 때에는 그 법의 규정이 적용되지 않는 법을 말한다. 고대나 중세의 법은 강행법적 성격이 강하였지만, 18C 이후에는 개인의 자유 존중과 사적 자치의 범위가 확대됨에 따라 사법분야에서는 임의법의 영역이 확대되었다. 즉, 원칙적으로 법규정은 그 지배를 받는 사람의 의사에 불구하고 당연히 당해 사실관계에 대하여 적용되지만, 사법분야에서는 개인 간의 법률관계를 규율하는 것이기 때문에 사적 자치가 우선하므로 당사자의 의사를 존중하되, 당사자의 의사가 불분명한 경우 등에 있어서 이를 보충하거나 그로 인해 발생하는 분쟁을 해결하기 위하여 임의규정을 많이 두고 있다.

임의법에는 (ⅰ) 당사자의 평균적 의사나 통상 가지는 의사를 상

---

2) 형법에 있어서 범죄사실의 입증은 검사에게 있으며, 범죄구성요건에 해당하면 위법성이 추정되므로 검사는 피고인의 행위가 구성요건에 해당한다는 사실을 입증하면 되고, 위법성을 입증할 것은 요하지 않는다. 이때 피고인이 자신의 행위가 위법성조각사유에 해당한다고 주장하는 경우에도 피고인이 그 사실을 입증하여야하는 것은 아니고, 검사가 위법성조각사유에 해당하지 않는다는 사실을 입증할 책임이 있다.

정하여 당사자의 의사에 상관없이 적용되는 보충규정과 (ii) 당사자의 의사표시가 존재하지만 그 의미가 불명확하여 의문이 있는 경우에 이를 결정할 목적으로 적용되는 해석규정이 있다. 전자의 예로는 민법 제42조 제1항에서 "사단법인의 정관은 총사원 3분의 2 이상의 동의가 있는 때에 한하여 이를 변경할 수 있다. 그러나 정수에 관하여 정관에 다른 규정이 있는 때에는 그 규정에 의한다"라고 규정하는 것이나 동법 제106조에서 "법령 중의 선량한 풍속 기타 사회질서에 관계없는 규정과 다른 관습이 있는 경우에 당사자의 의사가 명확하지 아니한 때에는 그 관습에 의한다", 동법 제408조에서 "채권자나 채무자가 수인인 경우에 특별한 의사표시가 없으면 각 채권자 또는 각 채무자는 균등한 비율로 권리가 있고 의무를 부담한다"고 규정하고 있는 것 등을 들 수 있다. 후자의 예로는 민법 제398조 제1항에서 "당사자는 채무불이행에 관한 손해배상액을 예정할 수 있다"고 규정하고 있는 것 등을 들 수 있다.

그러나 오늘날에는 공공복지를 위한 사회법이 발달되면서 사법분야에 있어서도 강행법의 영역이 확장되는 경향에 있다. 다만, 임의법이라도 당사자의 의사에 의해 그 법에 따르기로 한 경우에는 강행성을 갖게 된다.

(2) 구별기준

강행법과 임의법은 법조문상 대부분 명백히 구분된다. 강행법은 "… 하여야 한다", " … 하지 못한다"는 형식으로 규정되어 있는 반면, 임의법은 "다른 의사표시가 없는 한", "다른 규정이 있는 때에는" 등의 형식으로 규정되어 있다. 그러나 법조문상 이러한 표현이 없는 경우에는 해당 조항의 내용·성질 및 입법정신 등을 검토해서 임의규정 여부를 개별적으로 판단하여야 한다. 다만, 강행법과 임의법의 구별은 반드시 공·사법의 구별과 일치하는 것은 아니다.

(3) 구별실익

강행법과 임의법을 구별하는 실익은 법규위반의 경우에 어떠한 제재 또는 불이익을 가하는가에 있다. 어떤 행위가 임의법에 위반하는 경우에는 그대로 유효하거나 불법으로 되지 않기 때문에 어떠한 제재도 받지 않지만, 강행법의 경우에는 이에 위반하면 그 행위가 무효 또는 취소가 되고, 경우에 따라서는 소정의 법적 제재를 받게 된다.

⟨참고⟩ **제재의 종류에 따른 법규의 성질분류**

(i) **불완전법** – 법이 위반행위를 그대로 방임하는 경우이다. 그 예로는 미성년자의 영업등기를 들 수 있다.
(ii) **비교적 완전한 법** – 법규위반행위를 처벌하지만 그 행위의 효력은 그대로 유효한 경우이다. 그 예로는 미성년자에 대한 술판매행위를 들 수 있다.
(iii) **완전법** – 위반행위를 처벌하지 않고, 다만 이를 무효로 하는 경우이다. 그 예로는 법정시효기간의 연장을 들 수 있다.
(iv) **최대완전법** – 위반행위를 처벌과 동시에 무효로 하는 경우이다. 그 예로는 음란한 서화의 판매를 들 수 있다.

---

6. 조직법과 행위법

조직법과 행위법의 구별은 법의 규율대상에 따른 분류이다.

(1) 의의

조직법은 사회조직 전체 또는 어떤 법제도의 조직을 정하는 성질의 법으로서 정적인 법이고, 행위법은 직접 사람의 행동 자체에 관한 법으로서 동적인 법이다. 조직법은 공법에 속하게 되는데, 공법영역은 그 자체가 고정적·엄격적이고, 공법상 행위는 국가의 행정조직을 비롯하여 공익상 고려에 의하여 정해지므로 정형적이기 때문에 행위자의 자유에 맡겨진 분야는 극히 적다.

(2) 구별실익

조직법과 행위법을 구별하는 실익은 각각 다른 원리에 의해 지배된다는 점에 있다. 즉, 조직법은 법질서의 기초적 방면을 규정하는 것이므로 성질은 고정적이고, 엄격주의에 의해 규율되는 반면, 행위법은 유동적이고, 자치의 원칙이 인정되므로 자유주의에 의해 규율된다. 이러한 현상은 사법, 그중에서도 상사법에서 첨예하게 대립한다.

7. 실체법과 절차법

실체법과 절차법의 구별은 법률의 규정내용에 따른 분류이다.

(1) 의의

실체법은 권리·의무의 실체, 즉 내용·종류·주체·발생·변경·소멸 등에 관하여 규정한 법이고, 절차법은 권리·의무의 실현을 위한 수단과 방법을 규율하는 법이다. 절차법에 의해서만이 실체법이 현실화된다는 점에서 양자는 밀접한 관계를 맺고 있다. 양자의 생성과정을 보면 고대법에서는 법질서를 유지하는 방책이 선결과제이었으므로 절차법이 발달하였고,3) 실체법은 그 후에 법관들의 자의적 재판을 막기

---

3) 로마 12표법, 함무라비(Hammurabi)법전 등에서는 소송절차가 첫머리에 규정되어 있고, 로마법에서는 사권(私權)을 실행하는 소권(訴權, actio)이 주로 법률문제로

위한 장치로서 생성된 것이다.

실체법에 속하는 것으로서는 민법, 형법, 상법 등이 있으며, 절차법에 속하는 것으로는 민사소송법, 형사소송법, 비송사건절차법, 파산법, 경매법, 부동산등기법 등이 있다. 사회법은 양자의 요소를 모두 포함하고 있다.

(2) 구별실익

실체법과 절차법을 구별하는 실익은 법의 부존재의 효과 및 그 적용원칙의 차이에 있다. 법관은 민사사건에서는 실체법의 부존재를 이유로 재판을 거부할 수 없고 관습법 또는 조리에 의하여 판단하여야 하며, 형사사건에 있어서는 피고인의 행위가 범죄구성요건에 해당하지 않으면 설령 사회적 비난을 받는 행위라고 하더라도 무죄를 선고하여야 한다. 반면에, 절차법정주의에 따라 절차법의 결여 시에는 법관은 편의적인 재량으로 재판을 개시하거나 진행하는 것이 허용되지 않는다.

또한 실체법과 절차법이 서로 저촉되는 경우에는 실체법을 기준으로 재판하여야 한다. 그리고 실체법의 개정 시에는 법률불소급의 원칙, 기득권불가침의 원칙 등이 적용되지만, 절차법의 개정 시에는 법주체 간의 권익을 직접적으로 해할 염려가 없으므로 신법우선주의가 적용되고, 따라서 구(舊) 법률관계에 대하여 특별한 규정이 없는 한 법이 개정된 이후의 절차를 진행함에 있어서는 신(新) 절차법을 적용한다.

되었다.

8. 고유법과 계수법

고유법과 계수법의 구별은 법의 형성자료에 따른 분류이다.

(1) 의의

고유법은 한 국가 안에서 오랜 사회생활의 결과로서 발생하고 발달해 온 그 국가 고유의 규범을 기초로 하여 성립한 법이고, 계수법은 외국에서 발생·발달한 법을 수입·모방하여 이를 자료로 성립한 법을 말한다. 계수되는 법을 모법(母法), 계수한 법을 자법(子法)이라고 한다.

법의 계수는 주로 사회적·경제적 여건이 유사한 국가 간에 행하여지는데, 오늘날 그 규모는 세계적이다. 그 종류를 보면, (i) 관습법의 형태로 그대로 시행되는 관습적 계수와 (ii) 의회의 제정절차를 거쳐 성문법으로 제정되는 입법적 계수가 있다. 관습적 계수의 예로는 독일의 로마법 계수를 들 수 있다. 입법적 계수는 다시 (i) 외국법을 그대로 번역하여 자국법으로 하는 직접적 계수와 (ii) 외국법을 참고하여 모법으로 하되, 그것에 자국의 특수사정을 참작하여 만드는 간접적 계수가 있다. 직접적 계수의 예로는 스위스 민법전을 그대로 모방한 1926년 터키 민법전을 들 수 있고, 간접적 계수의 예로는 우리나라 구(舊) 민법의 독일 민법계수를 들 수 있다.

오늘날에 있어서의 법의 계수는 주로 간접적 계수의 형태를 띤다.

〈참고〉 **우리나라의 법의 계수:** 우리나라는 고조선시대에는 독자적인 법으로서 8조금법이 있었지만 이후에는 중국의 영향을 받았다. 신라시대에는 당(唐)률을, 고려시대에는 송(宋)률과 원(元)률을, 조선시대에는 명(明)률이 적용되었다. 그러나 1884년 갑신정변 이후 대한제국으로 근대국가 체제를 갖추고자 하였으나 실패하였고, 일본의 침략으로 인해 경술국치 이후에는 대륙법계의 영향을 받은 일본법이 적용되었다. 해방 후 미군정시대를 거쳐 1948년 대한민국 정부가 수립된 이후에는 일본법을 계수하면서 대륙법계의 영향을 받았지만, 현재에 이르러서는 영미법의 영향을 강하게 받고 있다.

(2) 구별실익

고유법과 계수법을 구별하는 실익은 연구방법의 차이에 있다. 고유법을 이해하기 위해서는 자국의 역사·법제만 연구하면 되지만, 계수법을 이해하기 위해서는 모법뿐만 아니라 그 모법을 발달하게 한 외국의 모든 법제에 대한 연구가 행하여져야 한다. 그러나 오늘날 각국은 법을 제정함에 있어서 비교법적 연구를 토대로 하여 자국의 문화나 사회에 적합한 법을 도출해나가는 과정을 가지며, 계수법도 오랜 시일이 지나면 국민생활 속에 소화·흡수되어서 고유법화하게 된다는 점에서 양자의 구별은 큰 의미를 가지지 않는다.

제11장

법의 효력

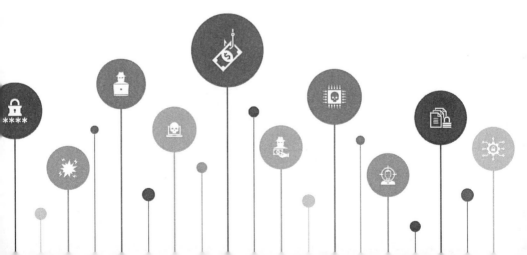

제11장

법의 효력

1. 법의 효력의 의의

법은 현실의 사회생활을 지배하는 규범이기 때문에 법의 생명은 법규범에 정한 내용대로 현실사회에서 시행되어지는 것에 있다. 따라서 법의 효력이란 조건명제인 법률요건이 성취되면 그 법규칙이 예정하고 있는 법률효과가 발생하는 것을 말한다. 즉, 법규범 속에는 그 내용이 사실상 실현되는가 여부를 떠나서 '그 규정대로 시행되어져야 한다' 라는 강행성의 요구, 즉 구속력이 내재되어 있다. 이것을 법의 실정성(實定性)이라고 한다. 따라서 법효력의 문제는 법에 대한 복종의 요청, 그 의무 부과력에 관한 문제이며(라드브루흐, Radbruch), 궁극적으로 법이 현실 속에서 어떻게 실현되느냐에 관한 문제이다.

법의 효력에 있어서는 실질적 효력과 형식적 효력이 문제된다. 실질적 효력은 법이 현실사회 생활 속에서 실현된다는 것이 무엇을 의미하는가에 관한 문제로서, 법이 '규범적 타당성'과 '사실적 실효성'을 가지는 근거 및 그 합치 여부에 대한 것을 내용으로 한다. 이에 대해 형식적 효력은 일정한 시대나 그 사회의 역사적·사회적 사실 등에 의해 생성·발전·소멸하는 존재인 법의 시간적·공간적·인적 한계에 대한 문제로서 법규정이 구체적으로 적용되는 범위를 그 내용으로 한다.

2. 법의 실질적 효력

법이 실질적 효력을 갖기 위해서는 법규정의 내용이 타당해야 하며(타당성), 법규정이 실제로 실현되어 그 규정된 효력을 현실적으로 발휘하는 힘이 있어야 한다(실효성).[1] 그러나 법규정의 타당성은 법규 적용의 전제가 되지만 타당성이 있다고 해서 반드시 실효성이 인정되는 것은 아니다. 하지만 법규정이 현재로는 적용·실현되지 못한다고 하더라도 항상 사실상 적용되어 실효성을 발휘할 '가능성'을 가지고 있고 법규로서의 규범적 타당성을 유지하기 때문에 법은 그 생명이 유지되는 것이다.

(1) 타당성

법의 타당성이란 법이 구속력을 가질 수 있는 정당한 자격 내지 권능을 의미하는 것으로, 법이 행위규범으로서 현실적으로 지켜지기를 요구하는 것을 의미한다. 법이 타당성을 갖기 위해서는 법규정의 내용이 그 사회관계를 규율하기에 적합해야 한다. 이것은 법규정의 내용이 정당성·합리성·합목적성을 갖추어야 한다는 것을 의미하므로, 결국 법의 근거문제로 귀착하게 된다. 따라서 법이 타당성을 갖기 위해서는 그 사회의 도덕·관습·종교·필요성 등 합리적 가치요소를 포

---

1) 켈젠(Kelsen)은 타당성만 있으면 법의 효력을 인정한다.

함한 것으로서 사회정의, 즉 그 사회의 공동선을 목표로 하여야 하며, 자연질서에 근거한 것이어야 한다. 법의 내용이 타당성을 결여하게 되면 일반 시민들이 자발적으로 법을 준수하는 것을 기대하기 어렵게 된다.

(2) 실효성

법의 실효성은 법규정이 실제로 실현되어 그 규정된 효력을 현실적으로 발휘하는 것, 즉 강제규범으로서의 법규범이 조직적인 국가권력에 의해서 실현되는 것을 말한다. 따라서 법의 위반에 대하여는 국가에 의한 제재(예, 형벌, 손해배상, 무효·취소, 과태료 등)가 마련되어 있어야 한다.

법의 실효성은 대부분의 사람들이 이를 타당한 것으로 받아들이는 것을 전제로 하므로 법의 타당성에 의하여 실현되고 유지된다. 하지만 실정법의 내용이 타당한 경우라고 하더라도 이를 위반한 경우에 제재를 가함으로써 이를 준수하도록 강제하지 않는다면 그 법은 사실상 사문화되어 그 존재가치를 상실하게 된다.

(3) 실질적 효력의 한계

법의 실효성은 원칙적으로 법의 타당성을 전제로 한다. 하지만 실정법 중에는 법의 이념 중에서 정의를 무시한 법, 즉 악법(惡法)이 때때로 존재하는 경우가 있다. 법적 안정성을 중시하는 입장이나 법실증주의 입장에서는 악법도 법이므로 설령 그 내용에 있어서 타당성을 결여하고 있는 경우라도 누구나 이를 지켜야 한다고 주장한다. 그러나 이러한 태도는 법의 형식적인 면을 강조하여 실효성만 추구하고 실질적인 내용에 관한 부분은 간과하고 있다는 점에서 실정법에 깊숙이 존재하는 일정한 한계를 인정하지 않을 수 없다. 이것이 바로 '저항권'

에 관한 문제이다.

저항권이란 입헌주의적 헌법질서를 침해하거나 배제하려고 하는 개인이나 기관에 대하여 다른 법적 구제방법이 없을 경우에 주권자로서의 국민이 그 헌법질서, 특히 법치국가적 질서를 유지하고 회복하기 위한 최후의 비상수단으로서 그 개인이나 기관에 저항할 수 있는 권리를 말한다. 라드부르흐(Radbruch)는 "참을 수 없을 정도로 악한 법은 법이 아니다"라고 하였다. 저항권은 권리는 근대시민혁명 이후 헌법상 권리로 명문화되어 왔으며, 대표적인 예로는 18C 미국 독립선언, 프랑스 인권선언, 독일 기본법 등을 들 수 있다. 우리나라에서도 헌법 전문에서 '3·1운동'과 '4·19 민주이념'의 숭고한 계승을 표방함으로써 이 권리를 인정하고 있다. 다만, 저항권은 부득이한 경우에 한하여 제한적으로 인정되며, 가능한 한 평화적 방법에 의하여 행사될 것을 요한다.[2]

3. 법의 형식적 효력

(1) 시간적 효력

시간적 효력은 법의 효력의 시간적 범위에 관한 것이다. 일반적으로 법규정은 시행일부터 폐지일까지 효력이 인정된다.

1) 법의 효력발생시기

성문법은 제정·공포된 후 시행일이 명시된 경우에는 그 시행일에, 특별한 규정이 없는 경우에는 공포한 날로부터 20일이 경과하면

---

2) 제니(François Gény)는 저항권에 대하여 (i) 수동적 저항권, (ii) 방위적 저항권, (iii) 공격적 저항권으로 나누고, 공격적 저항권은 극단적인 압제에 대해서만 평화적인 수단을 통해 행사되어야 한다고 하였다.

효력을 발생하게 되므로(헌법 제53조 제7항) 그 시행일이 명백하다. 그러나 관습법의 경우에는 확실히 알 수 없는 일정한 기간을 거쳐 시행되므로 명백히 시행일를 확정하기는 어렵다. 따라서 관습법은 대체로 중요한 판례들에 의해 확인되거나 관계 정부기관의 해석을 거쳐 법적 확신을 부여받은 경우에 비로소 법으로서 효력을 발생하게 된다.

2) 법의 효력상실시기

법은 폐지됨으로써 그 효력(구속력)이 상실된다. 법의 폐지에는 명시적 폐지와 묵시적 폐지가 있다. 명시적 폐지는 명문의 규정에 의한 법의 폐지로서, 그 시행기간이 종료한 경우, 개정된 경우, 법령이 일정한 사업을 목적으로 했던 경우에 그 사업이 완성되어 법령의 목적을 모두 완료한 경우 등이 이에 해당한다. 묵시적 폐지는 명문의 규정에 의하지 않은 법의 폐지로서, 법의 규정이 제·개정된 신법에 저촉됨에 따라 '신법우선의 원칙'에 의해 폐지되는 경우와 새로운 관습의 형성으로 종전의 관습법이 폐지되는 경우 등이 있다.

3) 법률불소급의 원칙

법률불소급의 원칙은 법은 시행한 날로부터 효력을 발생하며, 시행일 이전에 발생한 사항에 대하여는 소급하여 적용되지 않는다고 하는 원칙을 말한다. 이 원칙은 기득권존중의 원칙, 법적 안정성의 요청 및 죄형법정주의를 통한 인권보장의 요청에 근거한 것으로서, 사후법 제정금지의 형태로 표현되기도 한다. 헌법 제13조에서는 제1항에서 "모든 국민은 행위시의 법률에 의하여 범죄를 구성하지 아니하는 행위로 소추되지 아니하며, 동일한 범죄에 대하여 거듭 처벌받지 아니한다"고 규정하고, 동조 제2항에서는 "모든 국민은 소급입법에 의하여 참정권의 제한을 받거나 재산권을 박탈당하지 아니한다"고 규정함으로써 소급입법금지의 원칙과 이중처벌금지의 원칙을 헌법상 기본권으로 규정하고 있다.

그러나 실체법에 있어서도 법률을 소급적용하는 것이 정의나 형평의 이념에 합치하는 경우에는 예외로 한다. 즉, 형법 제1조 제2항에서는 "범죄 후 법률이 변경되어 그 행위가 범죄를 구성하지 아니하게 되거나 형이 구법(舊法)보다 가벼워진 경우에는 신법(新法)에 따른다"고 규정하고, 동조 제3항에서는 "재판이 확정된 후 법률이 변경되어 그 행위가 범죄를 구성하지 아니하게 된 경우에는 형의 집행을 면제한다"고 규정함으로써 소급입법이 행위자에게 유리한 경우에는 죄형법정주의의 예외를 인정하고 있다. 또한 절차법의 경우에는 소급입법을 허용하더라도 국민을 부당하게 해칠 우려가 없으므로 신법우선의 원칙에 따라 원칙적으로 법률불소급의 원칙의 예외가 인정된다. 한편, 보호관찰이나 신상정보공개, 위치추적전자장치부착 등의 보호처분도 보안처분의 성질을 가지는 것이므로 법률불소급의 원칙이 적용되지 않는다. 그러나 판례는 보호처분 중 사회봉사명령은 의무적 노동이 부과된다는 점에서 법률불소급의 원칙이 적용된다고 한다.

> 〈참고〉경과법: 경과법은 법이 개정된 경우에 구법(舊法)시대에 발생한 사항으로서 신법 시행 후에도 계속 유지되고 있는 사항에 관하여 어떤 법을 적용시킬 것인가에 대하여 규정한 것을 말한다. 이것은 신·구 법령의 시간적 효력을 정하는 것을 목적으로 하여 구체적 타당성에 따라 결정되는데, 그 내용은 일반적으로 신 법령의 '부칙'에서 규정하고 있다.

(2) 사람에 관한 효력

사람에 관한 효력은 인적 효력의 문제로, 법이 어떠한 사람에게 적용되는가에 관한 것이다.

1) 입법주의

사람에 관한 효력에 관한 입법주의는 (i) 영토고권에 의해 자기 나라의 영역 내에 거주하는 사람은 내·외국인을 불문하고 모두 자기 나라의 법을 적용하는 속지주의와 (ii) 대인고권에 의해 자기 나라 국민에 대하여는 자기 나라 안에 있거나 다른 나라에 있거나 그 소재여부를 불문하고 자기 나라의 법을 적용하는 속인주의가 있다.

2) 속지주의 우선의 원칙과 그 예외

각국이 어느 입법주의를 택할 것인가는 국가 대 국가의 상호평등의 원칙이 적용되지만, 일반적으로는 영토고권은 대인고권에 우선하기 때문에 속지주의가 우선한다. 다만, 다음과 같이 그 예외가 인정되기도 한다.

(가) 속인주의에 의한 예외

속인주의의 예외로는 (i) 공법상 인정되는 예외로서 참정권, 청원권, 병역의무 등 국민의 지위에 관한 것과 (ii) 국제사법상 인정되는 것으로서 신분이나 능력에 관한 사항이 있다. 후자는 각국의 인정·풍속·관습과 밀접한 관계를 맺고 있으므로 일반적으로 속인주의가 적용된다.

(나) 보호주의 및 세계주의에 의한 예외

보호주의는 외국에 있는 외국인이 자기 나라 또는 자기 나라의 국민에 대하여 범죄를 행하거나 이들의 법익을 침해하는 행위를 한 경우에는 자기 나라의 법을 적용하는 주의를 말한다. 형법은 제5조[3]

---

3) 형법 제5조(외국인의 국외범) 본법은 대한민국영역외에서 다음에 기재한 죄를 범한 외국인에게 적용한다. 1. 내란의 죄, 2. 외환의 죄, 3. 국기에 관한 죄, 4. 통화에 관한 죄, 5. 유가증권, 우표와 인지에 관한 죄, 6. 문서에 관한 죄중 제225조 내지 제230조, 7. 인장에 관한 죄중 제238조

와 제6조[4])에서 이를 규정하고 있다.

한편, 세계주의는 범죄에 대한 사회방위의 국제적 연대성의 요청에 의거하여 반인륜적 범죄에 대하여는 외국인이 다른 나라에서 다른 나라의 사람에게 행위를 한 경우에도 자기 나라의 법을 적용한다는 주의이다. 형법에서는 대한민국 영역 밖에서 형법상 약취·유인 및 인신매매에 관한 죄(제287조부터 제292조까지 및 제294조)를 범한 경우에는 외국인에게도 우리나라 형법을 적용하도록 하고 있다(제296조의2).

(다) 국제법상 특권

일반 국제관습법, 영사조약, 주둔군지위협정 등에서는 외교특권 및 면제가 인정된다. 즉, 각국의 원수나 외교사절 및 그의 가족이나 수행원, 군대의 승무원, 일정한 책임 있는 지휘관 밑에 있는 군대 등에 대하여는 그들의 본국법이 적용되며, 따라서 이들에게는 접수국의 재판권, 경찰권 및 과세권이 면제된다.

하지만 외교특권 및 특권과 면제가 인정되는 사람들은 기본적으로 접수국가의 법과 규칙을 준수하는 것이 그들의 의무이기도 하다 (1961년 외교관계 비엔나(Vienna)협약 제41조). 따라서 이와 같이 외교특권 및 면제가 인정되는 자들도 접수국의 법과 규칙을 위반한 경우에는 그 나라로부터 페르소나 논 그라타(persona non grata, 좋아하지 않는 인물, 기피인물)로서 추방될 수는 있다. 이를 위해 해당 국가에서 파견국에 대하여 관계외교관의 소환을 요구할 수 있는 제도가 인정되고 있다.

(라) 국내법상 예외

대통령과 국회의원에 대하여는 직무수행의 안전을 위한 정치적인

---

4) 형법 제6조(대한민국과 대한민국국민에 대한 국외범) 본법은 대한민국영역외에서 대한민국 또는 대한민국국민에 대하여 전조에 기재한 이외의 죄를 범한 외국인에게 적용한다. 단 행위지의 법률에 의하여 범죄를 구성하지 아니하거나 소추 또는 형의 집행을 면제할 경우에는 예외로 한다.

배려에 의해서 형사상 특권을 인정하는 경우가 있다. 헌법에서는 대통령은 내란 또는 외환의 죄를 범한 경우를 제외하고는 재직 중 형사상의 소추를 받지 아니하는 것(제84조)으로 하고, 국회의원에게는 불체포특권(제44조5))과 면책특권(제45조6))을 인정하고 있다.

(마) 특별법에 따른 예외

특별법의 경우에 법의 효력이 미치는 인적 범위를 제한하는 경우가 있다. 그 예로는 국가공무원법, 미성년자보호법, 선원법, 근로기준법 등을 들 수 있다. 이들 법은 특정한 신분을 가진 자에게만 적용되므로 이에 해당하는 신분을 가지지 않은 비신분자는 특별한 사정이 없는 한 해당 법률의 적용을 받지 아니 한다.

(3) 장소에 관한 효력

장소에 관한 효력은 한 국가의 법이 어떠한 영역적 범위까지 적용되느냐의 문제이다.

1) 원칙

한 국가의 법은 원칙적으로 그 국가의 전(全) 영역, 즉 그 국가의 주권이 미치는 영토·영해·영공7)을 포함한 모든 영역에 걸쳐 적용된다. 우리나라의 영토는 한반도와 그 부속도서이며(헌법 제3조), 영해는 현재 12해리로 하고 있다.8)

---

5) 헌법 제44조 ① 국회의원은 현행범인인 경우를 제외하고는 회기중 국회의 동의없이 체포 또는 구금되지 아니한다.
　　② 국회의원이 회기전에 체포 또는 구금된 때에는 현행범인이 아닌 한 국회의 요구가 있으면 회기중 석방된다.
6) 헌법 제45조 국회의원은 국회에서 직무상 행한 발언과 표결에 관하여 국회외에서 책임을 지지 아니한다.
7) 영공은 영토와 영해의 상공을 말한다. 영공의 높이에 대해서는 다양한 의견이 있지만 일반적으로 대기권까지의 높이를 그 나라의 영공으로 본다.

한편, 선박·항공기·우주물체의 경우에 그 내부에서 발생하는 법률관계에 대하여는 그 등록국가의 법령이 적용된다(기국주의, 旗國主義). 또한 영해 외에 접속수역, 경제수역, 대륙붕, 군도수역 등은 그 수역에 적용되는 관할권의 한도 내에서 그 나라의 법규칙이 적용된다.

〈참고〉 해양수역

가. **접속수역** - 영해기준선으로부터 24해리의 범위 내에서 그 연안국가가 관세·조세·출입국·보건관계 규칙위반을 예방하거나 처벌하기 위하여 필요한 국가통제권을 행사하는 수역을 말한다.

나. **경제수역** - 영해기준선으로부터 200해리 이내에서 그 해저·지하·상부수역의 자원개발 및 보존과 공해방지를 위하여 연안국가가 배타적 관할권을 행사하는 수역을 말한다.

다. **대륙붕** - 대륙에 인접한 완만한 경사의 수심이 낮은 해저지단으로 영해기준선으로부터 350해리를 넘지 않고, 그 지질학적 현실을 반영하는 한계 내에서 해저 및 그 지하의 광물자원 및 정착성의 생물자원의 개발을 목적으로 연안국가가 그 관할권을 행사하는 수역을 말한다.

라. **군도수역** - 대양(大洋)상의 군도국가(群島國家)에 있어서 여기저기 흩어져 있는 영토(섬)의 특수성으로부터 부담하는 국방상의 불안정을 해결하기 위해 일정한 범위 내에서 모든 섬을 포괄하여 설정하는 수역을 말한다.

---

8) 우리나라의 경우 동해안의 영해는 해안으로부터 12해리이며, 남해와 서해는 가장 바깥쪽에 있는 섬을 연결한 선을 기준으로 12해리의 영해가 그어져 있다. 그런데 육지부터 멀리 떨어진 울릉도, 제주도, 독도의 경우는 각 섬의 해안으로부터 12해리로 영해를 표기하며, 다만, 대한해협의 경우에는 공용수로의 확보를 위해 3해리로 하고 있다.

2) 예외

한 국가의 지방자치단체의 조례나 규칙은 그 지방에서만 효력이 있는 것으로 영토의 일부에만 적용된다. 또한 자국영토 내라고 하더라도 영토관할권이 다른 나라에 이전되어 있는 경우, 즉 조차지나 점령지 등에는 자기 나라의 법이 적용되지 않고, 조차국이나 점령국의 법이 적용된다.

제12장

법의 적용

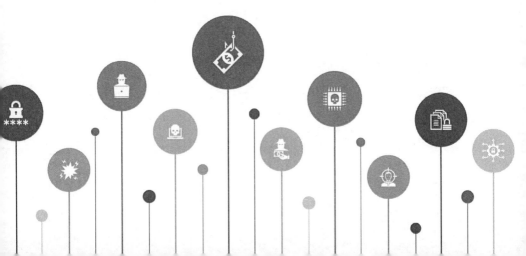

법의 적용

법의 적용이란 추상적인 법의 내용을 사회생활상 구체적이고 개별적인 사실에 실현시키는 것, 즉 실제 사회생활에서 발생한 일정한 구체적인 사실에 일반적이고 추상적인 어떤 규정을 적용함으로써 소정의 법률효과를 이끌어내는 것을 말한다. 법의 적용은 직접 법의 유지를 목적으로 하는 사법기관으로서의 법원이 담당하며, 그 엄정성을 유지하기 위해 사법권의 독립이 보장되고 있다. 헌법 제103조에서는 "법관은 헌법과 법률에 의하여 그 양심에 따라 독립하여 심판한다"고 규정하는 한편, 동법 제106조 제1항에서는 "법관은 탄핵 또는 금고 이상의 형의 선고에 의하지 아니하고는 파면되지 아니하며, 징계처분에 의하지 아니하고는 정직·감봉 기타 불리한 처분을 받지 아니한다"고 규정함으로써 법관의 신분을 보장하고 있다.

법의 적용은 3단논법에 의하게 되는데, 먼저 소전제인 구체적인 사실을 확정한 다음, 대전제인 법률을 찾아내어 올바르게 해석한 후, 양자를 직접 연결하여 구체적 사실에 타당한 결론을 도출하는 것이다. 따라서 법의 적용에 있어서는 사실의 확정, 법규의 발견, 법의 해석이 문제된다.

1. 사실의 확정(인정)

사실의 확정이란 사회에서 실제로 행해진 무수한 사건을 있는 그 대로 자연적으로 인식하는 것이 아니라 법적으로 가치 있는 사실만을 선택하여 확정하는 법적 인식작용을 말한다. 여기서 '법적으로 가치 있는 사실'이란 법률요건 내지 법적 구성요건에 해당하는 사실을 말하며, 이것은 외형적·객관적 사실 뿐만 아니라 주관적·내면적인 사실도 중요시 한다. 사실의 확정은 입증, 추정, 간주(의제)의 방법에 의한다.

(1) 입증

입증이란 객관적인 증거에 의하여 사실의 존재 및 내용을 확정하는 것을 말한다. 이를 증거재판주의라고 한다(민사소송법 제202조[1]), 형사소송법 제307조 제1항[2]). 증거는 일정한 사실의 존재 및 내용에 관하여 경험적 원칙에 비추어 법관 등, 제3자에게 일정한 방향으로의 확신을 갖게 하는 자료가 되며, 법적 가치판단을 좌우하는 중요한 요소가 된다. 입증책임은 원칙적으로 당해 사실을 주장하는 측에 있지만, 추정이 인정되는 경우에는 반대되는 주장을 하는 측에 있다.

입증과 관련하여 사익의 보호를 내용으로 하는 민사소송에 있어서는 당사자가 제출한 증거에만 의존하여 사실을 인정한다(형식적 진실주의). 반면에, 공익의 보호를 내용으로 하는 형사소송에 있어서는 실

---

1) 민사소송법 제202조(자유심증주의) 법원은 변론 전체의 취지와 증거조사의 결과를 참작하여 자유로운 심증으로 사회정의와 형평의 이념에 입각하여 논리와 경험의 법칙에 따라 사실주장이 진실한지 아닌지를 판단한다.
2) 형사소송법 제307조(증거재판주의) ① 사실의 인정은 증거에 의하여야 한다.

체적 진실주의의 요청에 의해 당사자가 제출한 증거에 제한되지 않고, 법원의 직권에 의해 증거조사를 보충할 수 있도록 하고 있다(실체적 진실주의).

그러나 증거의 증명력판단, 즉 그 증거가 사실인정에 어느 정도의 가치를 가지는가에 대하여는 민사소송이든 형사소송이든 법관의 자유로운 심증에 의하도록 하고 있다. 이를 자유심증주의라고 한다(민사소송법 제202조, 형사소송법 제307조 제2항3)).

(2) 추정

추정은 입증의 곤란을 이유로 입증의 번잡을 피하거나 공익상의 이유로 확정되지 않은 사실을 통상 상태를 기준으로 하여 일응 사실대로 인정하고, 이에 상당한 법률효과를 주는 것을 말한다. 그 예로는 민법상 동시사망의 추정(제30조4)), 자(子)의 추정(제844조 제1항5)) 등을 들 수 있다. 다만, 추정은 반증을 통해 부정될 수 있다.

(3) 사실의 의제(간주)

간주는 법률의 안정이나 명확성의 요청, 또는 특정 법률주체나 일반적인 공익의 보호를 위해 사실의 진부(眞否) 또는 상대방의 의사 여하에 관계없이 일정한 사실을 인정하고, 그에 따른 소정의 법적 효과를 부여하는 것을 말한다. 보통 법조문에서는 '… 본다', '… 간주한다'로 기술되고 있다. 그 예로는 민법 제20조,6) 제28조,7) 제1000조 제3

---

3) 형사소송법 제307조(증거재판주의) ② 범죄사실의 인정은 합리적인 의심이 없는 정도의 증명에 이르러야 한다.
4) 민법 제30조(동시사망) 2인 이상이 동일한 위난으로 사망한 경우에는 동시에 사망한 것으로 추정한다.
5) 민법 제844조(남편의 친생자의 추정) ① 아내가 혼인 중에 임신한 자녀는 남편의 자녀로 추정한다.

항[8] 및 형법 제346조[9] 등을 들 수 있다. 간주는 사실을 확정하는 힘(확정력)이 있으므로 추정과 달리 반증에 의하여 부정되지 않는다.

2. 법규정의 발견

사실관계가 확정되면 그에 적용할 법규정을 찾아야 한다. 성문법이 존재하는 경우에는 그에 관련되는 규정을 찾아내어 적용하면 된다. 다만, 이때에도 법의 의미내용을 명확히 하기 위하여 법의 해석이 요구된다.

그러나 구체적 사실관계에 적용될 성문법 규정이 존재하지 않는 경우에도 사법관계를 판단하는 민사소송의 경우에는 법원이 재판을 거부할 수 없으므로 관습법 – 판례 – 조리의 순(민법 제1조)으로 적용하여 해결하여야 한다. 여기서 조리에 의한다는 것은 결국 발생된 구체적 사실과 유사한 사실에 적용되는 법규칙을 적용하는 유추적용에 의해 해결한다는 것을 말한다. 즉, "같은 근거 내지 이유에 같은 법이 적용된다(ubi eadem ratio, idem jus)"는 것을 의미한다. 하지만 형사소송에 있어서는 행위자의 행위에 대하여 명문의 처벌규정이 없는 경우에는 죄형법정주의 원칙에 의하여 행위자에게 불리한 유추적용이 허용되지 않으므로 범죄가 성립하지 않게 되고, 따라서 법원은 무죄를 선고하여야 한다.

---

6) 민법 제20조(거소) 국내에 주소없는 자에 대하여는 국내에 있는 거소를 주소로 본다.
7) 민법 제28조(실종선고의 효과) 실종선고를 받은 자는 전조의 기간이 만료한 때에 사망한 것으로 본다.
8) 민법 제1000조(상속의 순위) ③ 태아는 상속순위에 관하여는 이미 출생한 것으로 본다.
9) 형법 제346조(동력) 본장(제38장 절도와 강도의 죄)의 죄에 있어서 관리할 수 있는 동력은 재물로 간주한다.

제13장

법의 해석

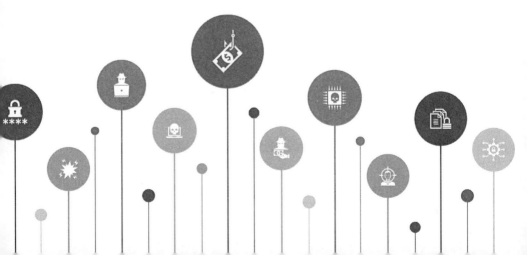

제13장

법의 해석

법의 해석은 법의 의미내용을 밝히는 것, 즉 법의 구체적 적용을 위하여 일반적·추상적으로 되어 있는 법규범의 의미내용을 체계적으로 이해하고, 법의 목적에 따라 학리적(學理的)으로 인식하는 종합적인 정신적 활동을 말한다. 법의 해석은 법에 내재되어 있는 이념과 정신을 객관화시키는데 있으므로 그 법공동체의 사실개념을 기준으로 그 용어가 가지는 일반적인 의미의 한계 내에서 타당성 있게 결정되어야 한다. 법의 해석대상은 주로 성문법이지만, 불문법도 그 존재 여부와 그것이 가지는 내용을 밝히기 위해 필요하므로 해석의 대상이 된다.

1. 법해석의 본질

법해석의 목적이 입법자의 의사를 탐구하는 것인가 또는 법의 의사를 탐구하는 것인가에 따라 그 의견이 나누어져 있다.

(1) 입법자의사설

입법자의사설은 입법자가 법에 부여한 의미에 따라 법규를 해석하여야 한다는 견해이다(주관적 해석). 이 설은 법은 입법자가 심사숙고하여 제정한 것이므로 입법자의 의사를 찾아내는 것이 가장 올바르고 정확하게 법규정의 의미를 파악하는 방법이라는 것에 근거한다. 따라서 법제정의 자료인 법안, 이유서, 의사록, 기초위원의 기록 등은 법해석의 중요한 자료가 된다.

(2) 법의사설

법의사설(法意思說)은 법해석은 법자체의 의의를 밝히는데 있다고 하는 견해이다(객관적 해석). 이 설은 법규는 법으로서 형식을 취득함과 동시에 그것은 입법자로부터 분리·독립하여 존재한다는 것을 근거로 한다. 따라서 이 설에서는 법제정의 자료는 법해석의 하나의 자료에 불과하며, 해석자를 구속하는 힘은 없다.

(3) 소결

입법자의사설에 대하여는 입법자의 의사는 심리적·역사적 사실이고, 법제정기관은 보통 단독의사가 아니고 합의체이므로 서로 대립되어 있을 수도 있으며, 명백히 파악하기도 곤란할 뿐만 아니라 입법자료가 곧 법규가 될 위험이 있고, 법제정시기와 법적용시기가 크게 차이가 나는 경우에는 법규로부터 새로운 사회적 사실에 적응할 수 있는 힘을 빼앗게 된다는 등의 비판이 있다. 반면에, 법의사설에 대하여는 사회적 사실에 대한 법의 탄력성을 인정하게 되어 실제의 요구에 적합하고, 해석이 이론적·가치판단적인 것이므로 법해석학에 학문으로서의 품위를 부여한다는 점에서 타당성이 인정되고 있다.

그러나 법은 규범 및 그 통합체이고, 결코 그 자체가 의사의 주체는 아니므로 법자체가 의사를 갖는다는 것은 인정할 수 없다. 또한 법의사설에 따르게 되면 입법취지를 무시한 해석으로 인해 법의 의미가 왜곡될 수 있으며, 시대상황이라고 하는 해석기준의 불명확성으로 인해 해석자의 가치관이나 세계관 등 그 주관에 따라 법의 의미가 달라질 수 있다는 문제점이 있다. 따라서 법해석의 본질은 인간의 심리적 과정에 따르는 모든 불완전성으로부터 벗어나 단지 입법만을 위해 존재하는 이상적인 인격자인 '입법자의 합리적 의사'를 탐구하는 것이어야 한다. 따라서 법해석은 입법자의 의사를 기초로 하되, 문리적 해석을 토대로 하여 법이 추구하는 목적과 법이 적용되는 시대가 갖고 있는 사회적 상황 등을 종합적으로 고려하여 합목적적이고 가치관계적으로 이루어져야 한다.

2. 법해석의 태도

(1) 개념법학

1) 의의

개념법학은 법학의 '논리적 자족성'을 확신하고, 법조문의 무흠결성과 논리적 완전무결성을 주장하면서, 법해석은 법규의 형식적 해석(문리적 해석 내지 논리적 해석)으로 충분하다는 견해이다. 따라서 이 입장에서는 법의 해석에 있어서 법의 배후에 있는 윤리적·정치적·경제적 요소의 고찰을 배제하며, 법관은 단지 기계적으로 법규에 사건을 적용하는데 그친다고 한다. 이 입장은 19C초 개인주의와 관련하여 군주의 자의적인 형벌권행사를 방지하고, 개인의 자유를 보장하는 결과로 되었으며, 소유권절대의 원칙·계약자유의 원칙·죄형법정주의를 주축으로 하는 19C의 개인주의적 법률문화를 완성시켰다.

<참고> 유스티니아누스 대제(Justinianus)는 법전 이외의 새로운 법적 문헌의 발행을 금지시키고, 이에 위반하여 법전의 주석서를 쓴 경우에는 위조죄로 처벌하였다. 또한 프리드리히 2세(Friedrich I)는 법관의 임무는 기계적으로 법을 적용하는데 불과하다고 하면서, 법해석을 금지하였다. 그리고 나폴레옹(Napoléon)은 뚜리에(Toullier)가 최초의 주석서를 출판했을 때 분개했다고 한다.

하지만 키르히만(Julius Heinrich von Kirchmann)은 "입법자가 법조문의 글자를 세자만 개정한다면 모든 법학의 문헌은 모두 휴지로 돌아간다"고 하면서 법조문의 숭배를 비판하였다.

2) 평가

개념법학은 논리적으로 정치하고, 분쟁해결에 관한 예견가능성을 높여 줌으로써 법적 안정성을 보장하였으며, 실정법질서의 유지에 봉사했다는 점에서 그 유효성이 인정되고 있다.

그러나 다음의 점에서 비판되고 있다. 즉, 법규의 개념구성을 오로지 기술적·형식적으로만 행하여 사회적 실재로부터 벗어나게 되므로 추상적인 법개념의 유희에 지나지 않게 되고, 따라서 매우 복잡·다양하고 끊임없이 발전하는 사회생활에 관하여 올바르고 타당한 법적용을 하지 못하게 된다고 한다. 또한 법관은 오직 자동판매기에 불과하게 될 뿐만 아니라 법해석에 있어서 해석자의 자의가 개입하게 될 경우 법학이 그릇된 방향으로 나아갈 수 있다고 한다.

(2) 자유법론

자유법론은 예링(Jhering)의 목적법학·이익법학의 영향 하에 발달한 이론으로, 불완전한 사람에 의해 만들어진 법 자체의 불완전성을 전제로 하여 법전의 권위를 하락시키고, 법관의 인격적 활동범위를 증대시키고자 하는 것이다. 즉, 법관에 의한 자유로운 법발견을 가능하게 함으로써 발전하는 사회생활에 맞추어 법의 사명을 완수하고자 하는 견해이다. 이 견해는 개념법학과 법실증주의에 대한 반동에 의하여 탄생한 것이다. 이 입장에서는 개념법학의 법적 도그마(dogma), 즉 법을 단지 실정법규칙으로 구성된 법규체계로 보아 법문언 안에서만 해석해야 한다는 것을 부정하고 법관에게 많은 재량권을 부여하여야 한다고 하면서, 법규의 엄격한 적용이 심히 부당한 결과가 나올 때에는 실정법규에 저촉하는 해석도 허용된다고 하였다(아이세이(Isay)-'법규범과 판결'(1930)). 이 견해는 독일의 에를리히(Eugen Ehrlich-'자유로운 법발견과 자유로운 법학'(1903)), 칸트로비츠(H. Kantrowicz-'법학을 위한 투쟁'(1906)), 프랑스의 제니(Gény-'자유로운 과학적 탐구'), 일본의 키노에이이치(木野英一) 등에 의해 주장되었다.

자유법론은 법원을 성문법에 한정하지 않고 관습이나 사회적·윤리적 규범까지 확대하여야 한다고 주장하는 등, 법관에 의한 자유로운 법 발견과 법학자에 의한 과학적인 법원 탐구를 광범위하게 인정함으로써 판결에서 구체적 타당성을 구현할 수 있다. 반면에, 자유법론은 법관의 자주적 판단을 중시한 나머지 일반적인 법규 또는 법개념에 의해 보장되는 법적 안정성을 경시하고, 법관의 자의적이고 감정적인 판결까지도 허용하게 된다는 문제점이 있다.

1) 이익법학

이익법학은 현실적인 사회이익의 가치를 강조하여, 법규란 어느 사회의 여러 가지 이익(사회의 현실적 욕구 및 필요성을 의미한다)이 서로 인정받으려고 대립·투쟁하는 과정에서 성립하는 것이므로 그 사회의 현존하는 생활의 필요성·욕망·경향을 충족시켜 주기 위한 것이라고 하였다. 따라서 법규의 해석도 이러한 목적론적 입장에서 자유롭게 해석하여야 한다고 하였다. 대표적인 학자로는 헤크(Philipp von Heck) 등이 있다.

　이익법학은 종래의 법학이 추상적인 개념구성 태도로 그릇된 방향으로 나아가는 것에 대한 반성에서 나온 것으로, 법의 타당성을 확보하고 입법절차에 의하지 아니하고도 법의 진화를 가능하게 하였다. 또한 이익법학은 법규와 사회현실의 간격을 좁혀주고, 법학과 사회학의 결합을 촉진하였으며, 종전의 실무태도에 주의를 환기시켜 준 이론이었다.

　그러나 이 이론은 일종의 계몽·혁신운동에 불과하였으며, 법관도 하나의 인간에 불과하기 때문에 잘못하여 주관적인 직관이나 자의에 흐르게 되면 법적 안정성을 해할 우려가 있다는 점을 간과하였다(감정법학화). 따라서 법해석에 있어서 외부의 영향을 배제하고, 과학적 기초를 부여하여 객관성을 보장할 필요가 있게 되었으며, 이러한 이유로 법사회학이 탄생하게 되었다.

〈참고〉 법의 흠결 시의 태도

가. 개념법학에서는 법의 논리체계의 우월성을 강조하면서 법질서의 흠결이 없으므로 법체계의 논리적 추구를 통해 이런 피상적 흠결을 규율하는데 적합한 규범을 추출할 수 있다고 한다.

나. 이익법학에서는 법의 흠결을 인정하고, 논리적 추구가 아니라 문제된 경우에 관련된 이익들을 밝혀낸 다음, 이를 평가하고 종합한 가치판단에 따라 필요한 규칙들을 보충할 수 있다고 한다.

---

2) 법사회학

　법사회학에서는 법관에게 법창설기능을 부여하지 않고, 법관활동을 구속하는 기준을 법규 밖에서 추구한다. 즉, 법사회학은 법 실재 그 자체를 중요시하는 견해로서, 성문법 이외에 관습법·풍속·습관은 물론, 법인의 정관 기타 단체의 규약 등, 넓게 사회생활 중에 존재하는 '살아있는 법'을 중요시하고, 여기서 연구재료를 구하였다. 대표적인 학자로는 에를리히(Ehrlich), 칸트로비츠(Kantrowicz), 콜러(Josef Kohler) 등이 있다. 칸트로비츠(Kantrowicz)는 "사회학 없는 법해석학은 공허하고, 법해석학 없는 사회학은 맹목이다"라고 하였다.

따라서 법사회학에서는 '살아있는 법'인 '사회적 사실'을 충실히 연구해야 한다고 하면서, 법해석의 방법개혁과 법의 실증적 연구 및 법의 사회학적 연구를 강조하였다. 법사회학에서 실정법을 다루는 경우에도 법 자체를 하나의 사실로서 파악하여 그 기원과 결과를 고찰하는 것에 불과하다.

(3) 소결

법의 해석은 법의 올바른 의미를 밝히고, 그 적용범위와 한계를 명확히 하는 작업이므로 개념법학이나 자유법론 중의 하나의 태도에 구속되어 행하여져야 할 것은 아니다. 따라서 법해석에 있어서는 구체적 사회관계에 타당한 법의 적용을 위하여 실정법규의 한계 내에서 법규정의 논리적 해석방법과 실질적·가치적 내용을 고려하는 현대적 방법을 모두 사용하여 일반적·추상적인 법규정의 의미·내용을 밝히도록 하여야 한다.

3. 법해석의 종류

(1) 해석의 주체에 따른 분류

1) 유권해석

유권해석은 국가의 권위 있는 기관에 의한 법규의 해석을 말한다.

유권해석은 구속력을 갖는다는 점에서 공권적 해석이라고 한다.

(가) 입법해석

입법해석은 입법기관이 입법수단에 의해, 즉 어떤 법령규정상 용어나 내용의 의미를 명확히 하기 위하여 그 법령 중에 또는 부속법규 같은 다른 법령에서 특별규정을 두거나 때로는 법조문 중에서 법령규정의 의미를 확정하여 규정하는 해석을 말한다. 이를 법규해석, 법정해석이라고도 한다. 특히, 국회에서 입법당시까지 사회적 기반을 갖지 않은 새로운 사항에 대하여 법을 제정할 때 해석규정을 마련하는 경우가 많다. 그 예로는 민법 제98조[1], 형법 제346조[2] 및 각종 특별법상 그 법률에서 사용하는 용어의 정의에 관한 규정 등을 들 수 있다.

그러나 입법해석은 본래 의미의 법해석방법은 아니며, 실질적으로 입법에 해당하므로 이 해석규정도 해석의 대상이 된다.

(나) 행정해석

행정해석은 행정관청에서 법을 집행할 때 또는 상급관청이 하급관청에 대한 회답·훈령·지령 등을 발할 때에 하는 해석을 말한다. 다만, 행정해석은 사실상 같은 계통의 행정청 상호 간에는 일정한 구속력을 가진다는 점에서 유권해석이 된다. 다만, 행정해석에 이의가 있는 경우에는 행정심판이나 행정소송의 대상이 된다는 점에서, 행정해석은 사법해석(행정재판)에 의해 취소될 수 있다.

(다) 사법해석

사법해석은 사법기관인 법원에서 구체적 소송사건을 판단할 때 하는 법의 의미나 내용에 대한 해석을 말한다. 이것은 판결의 형태로서 표현된다는 점에서 재판해석이라고도 한다. 우리나라 법원조직법

---

1) 민법 제98조(물건의 정의) 본법에서 물건이라 함은 유체물 및 전기 기타 관리할 수 있는 자연력을 말한다.
2) 형법 제346조(동력) 본장(제38장 절도와 강도의 죄)의 죄에 있어서 관리할 수 있는 동력은 재물로 간주한다.

제8조에서는 "상급심(재판의 기속력) 상급법원 재판에서의 판단은 해당 사건에 관하여 하급심(下級審)을 기속(羈束)한다"고 규정하고 있으므로, 사법해석은 원칙적으로 당해 사건에 대해서만 구속력을 가진다. 하지만 구체적 사건에 대한 대법원의 판결의 태도가 판례법의 정도에 이르게 되면 그 판결에 기한 법의 해석은 사실상 유권해석이 된다. 법원조직법 제7조 제1항에 따르면 '종전에 대법원에서 판시(判示)한 헌법·법률·명령 또는 규칙의 해석 적용에 관한 의견을 변경할 필요가 있다고 인정하는 경우'(제3호)에는 대법관 전원의 3분의 2 이상의 합의체에서 심판하도록 하고 있다.

2) 학리해석

학리해석(學理解釋)은 학술적인 해석, 즉 학리적 방법에 의한 해석을 말한다. 학리해석은 주로 사인(私人)인 법학자가 학설로서 전개하는 법해석이므로 공권적인 구속력이 없다는 점에서 무권(無權)해석이라고도 한다. 그러나 학리해석은 시대와 권력에 좌우되지 않고(객관적 해석) 순수하게 학문적 입장에서 행하게 되므로 유권해석에 대하여, 특히 입법이나 재판에 있어서 영향력을 미치는 경우가 많다.[3]

(2) 해석수단에 따른 분류

1) 문리해석

문리해석은 법규정의 문장이나 문구의 의의를 어문학적인 해석방법을 사용하여 문자 그대로의 의미를 밝히는 해석방법을 말한다. 문리해석은 법규정의 본문이 입법자들의 생각을 정확히 반영한 것이라는

---

3) 로마제정시대에는 트리보니아누스Tribonianus, 울피아누스(Domitius Ulpianus), 파울루스(Julius Paulus Prudentissimus), 파피니아누스(Aemilius Papinianus), 가이우스(Gaius) 등의 5인의 법학자의 법해석은 당시 학설로서 구속력을 가졌었다고 한다.

데 근거한 것으로, 성문법주의에서 법해석의 가장 기본적인 제1차적 방법이다. 그러나 법률용어는 그 일반적 의미와 다른 법적 의미를 가질 수 있으므로 문리해석은 법에 내재하는 목적이념에 따른 논리해석에 의해 보완할 필요가 있게 된다.

2) 논리해석

논리해석은 법령의 문구에 구애됨이 없이 문구에 표시된 의미를 초월하여 해석하는 것으로, 조문과 법 전체와의 관련성, 입법의 목적, 사회실재의 상황 등을 고려하여 논리적 추론방법에 의해 법령의 객관적 의미를 확정하는 해석방법을 말한다. 논리해석은 문리해석의 전제 아래에서 이루어져야 하되, 과도한 형식논리에 편중하게 되면 개념법학과 같이 실제생활에 적합하지 않은 모순을 초래할 우려가 있다는 점에 유의하여야 한다.

(가) 반대해석

반대해석은 법조문에서 일정한 효과가 발생한다고 규정한 법문이 있는 때에 그 이외의 상황에 있어서는 그와 반대 효과가 발생할 것이라고 해석하는 방법을 말한다. 예를 들면, 민법 제3조에 따르면 "사람은 생존한 동안 권리·의무의 주체가 된다"고 하고 있으므로 죽은 사람은 권리·의무의 주체가 될 수 없다고 해석하는 것을 말한다. 반대해석의 당부의 판단은 법의 일반적 목적에 의한 목적론적 해석에 의한다.

(나) 물론해석

물론해석은 그 입법정신이나 사물의 성질로 보아 법문에 명기되어 있지 않은 사항도 당연히 이에 포함되는 것으로 추리하는 해석방법을 말한다. 유추의 일종이다. 예를 들면, 교량에 문제가 생겨 자동차의 통행을 금지하였을 경우에 자동차보다 무거운 중장비의 통행도 당연히 금지된다고 해석하거나, 민법 제396조에서 "채무불이행에 관하여 채권자에게 과실이 있는 때에는 법원은 손해배상의 책임 및 그 금액을 정함에 이를 참작하여야 한다"고 규정하고 있으므로. 이 경우에 채권자의 고의는 당연히 고려된다고 해석하는 것을 말한다.

(다) 보정해석

보정해석(補正解釋)은 법문 용어에 착오가 있거나 그 표현이 부정확한 것이라고 명백히 인정되는 경우에는 그 진의(眞意)를 추리하여 합당하게 보정하거나 변경하는 해석방법을 말한다. 예를 들면, 민법 제7조에서 "법정대리인은 미성년자가 아직 법률행위를 하기 전에는 전2조의 동의와 허락을 취소할 수 있다"고 규정하고 있지만, 여기의 '취소'는 '철회'로 해석한다. 또한 민법 제32조에서 "학술, 종교, 자선, 기예, 사교 기타 영리아닌 사업을 목적으로 하는 사단 또는 재단은 주무관청의 허가를 얻어 이를 법인으로 할 수 있다"고 규정하고 있으나, 여기의 '허가'는 '인가'로 해석한다.

보정해석에 대하여는 자구표현 여부의 불확실과 법의 안정성의 관점에서 이를 부정하는 견해도 있다. 하지만 입법자의 표현이 명백히 잘못되었거나, 그 당시 지배적인 학설이나 사회적 수요에 확실히 반하는 때에는 보정해석을 허용하여야 한다.

〈참고〉용어의 설명

가. **허가, 인가 및 특허** — 허가는 일반적 금지를 특정한 경우에 해제함으로써 적법하게 일정한 행위를 할 수 있도록 자유를 회복하여 주는 행정행위를 말한다. 인가는 다른 사람의 행위에 동의를 부여하여 그 행위의 효력을 보충함으로써 법률상 효력을 완성시키는 행위를 말한다. 따라서 허가는 사실행위가 적법하게 행하여지기 위한 적법요건이므로 무허가행위는 법적으로 유효함이 원칙이고, 단지 의무위반에 해당하여 행정벌이나 행정상 강제집행 등 처벌의 대상이 될 뿐이

다. 반면에, 인가는 법률적 행위가 효력을 발생하기 위한 효력요건
이므로 무인가행위는 무효가 되지만, 처벌의 문제는 일어나지 않는
다. 특허는 특정의 상대방을 위하여 새로이 권리·능력 또는 포괄적
인 법률관계를 설정하는 행위로서, 상대방에게 권리로서의 이익을
부여한다.

나. **취소와 철회** - 취소와 철회는 일응 유효하게 성립한 행위의 효력을
상실시키는 점에서는 동일하다. 그러나 취소는 행위의 효력을 소급
해서 상실시키는데 반해, 철회는 장래에 향하여만 그 행위의 효력을
상실시킨다는 점에서 양자는 차이가 있다.

3) 연혁해석

연혁해석은 넓은 의미의 논리적 해석에 속하는 것으로, 역사적 배
경과 문헌을 통해 입법의 취지와 정신을 추구하고자 하는 해석방법을
말한다. 따라서 법문의 초안, 그 이유서, 제안자의 의사, 의사록 등을
자료로 하여 연혁적 방법으로 성립과정에서 표시된 법문의 의미를 참
고로 하여 해석한다.

(3) 법규의 문언과 그 의미와의 관계에 따른 분류

1) 축자해석

축자해석(逐字解釋)은 법조문의 문구를 한자 한자 따져서 그 의미
를 정확히 파악하여 문자의 언어적 표현과 법조문의 의미내용이 합치
하도록 하는 해석하는 방법을 말한다.

2) 축소해석

축소해석(제한해석)은 법조문의 문구를 문리적으로 해석하되, 법조
문의 언어적 표현보다 더 좁게 해석하는 방법을 말한다. 예를 들면, 민

법상 '제3자'는 해당 법률관계와 이해를 가진 '이해관계인'을 말하며, 법조문의 '배우자'는 원칙적으로 법률상의 배우자를 말한다. 또한 절도죄의 타인의 재물에는 일반적으로 부동산이 제외된다(학설의 다툼이 있음).

3) 확장해석

확장해석(확대해석)은 법규정의 의미를 입법취지에 맞도록 통상의 개념보다 넓게 확장해서 해석하는 방법을 말한다. 예를 들면, 뇌물죄에 있어서 '직무집행'은 직무집행 자체뿐만 아니라 이와 외형상 관련을 갖는 행위를 포함하며, 손괴죄에 있어서 손괴는 재물의 물리적 파괴 외에 그 효용성을 해치는 경우를 포함된다.

확장해석은 법조문의 용어가 가진 통상적인 의미의 '밖으로' 확장하여 해석하는 것이라는 점에서, 법조문의 용어 '중에' 다른 사례가 당연히 포함되어 있는 경우를 말하는 물론해석과는 구분된다.

4) 유추해석

(가) 의의

유추해석은 어떤 특정한 사항에 관하여는 법에 명문규정이 있으나 이와 유사한 다른 사항에 관하여 법규정이 없는 경우에 그 명문규정의 의미를 법규정이 없는 유사한 사항에도 적용함으로써 동일한 법적 효과를 인정하는 해석방법을 말한다. 유추해석의 실질적 근거는 유사한 사항에 대해여는 동일한 법이유가 존재한다는 점에 있다. 즉, 동일한 성질의 것은 법적으로도 동일하게 취급하는 것이 법정신에 합치한다는 것이다. 유추해석은 구체적 사건에 대한 원칙의 적용을 인정하는 것에 불과하고, 원칙의 설정 그 자체는 아니므로 입법은 아니다. 그러나 엄격한 의미에서 보면 유추는 법규가 없는 경우에 이를 보충하는 방법이므로 사실상 법의 해석과는 구별된다.

실제 생활에서 발생하는 모든 사실관계에 대하여 법률규정을 두기 어렵기 때문에 유추해석이 인정되지 않으면 법은 사회규범으로써 그 효용이 크게 감소하게 되며, 유사한 사항에 대하여 다른 판결이 내려지는 경우가 발생하게 됨으로써 불공평한 결과가 생길 우려도 있다는 점에서 그 필요성이 인정된다. 그러나 형법에 있어서는 유추적용하는 것이 피고인에게 유리한 경우가 아닌 한 죄형법정주의의 원칙에 위반하므로 유추해석은 금지된다.

(나) 구별개념

가) 확장해석과의 구별

확장해석은 법규의 자구(字句)의 의미를 목적에 적합하도록 법규의 범위 안에서 확장하는 것이므로 당해 사례에 관하여 규정된 법규를 대상으로 해석하는 것이다. 그러나 유추해석은 사례의 성질이 같다는 이유로 유사한 사례에 대하여 내용을 달리하는 다른 사례에 관하여 규정된 법규를 적용하는 것이다. 예를 들면, '소를 매지 말 것'이라고 한 경우 '말'도 이에 포함된다고 해석하면 유추해석이 되고, '수목을 베지 말 것'이라고 한 경우에 '화초'도 이에 포함된다고 해석하면 확장해석이 된다.

나) 반대해석과의 구별

반대해석은 법조문에 근거를 두고 그 조문의 언어적 표현과 반대의 의미로 해석하는 것으로, 이때 입법자가 반대해석에 따른 의미를 법규정에 명문화하지 않은 것은 법규정의 해석을 통해서 그 의미를 충분히 파악할 수 있기 때문이다. 그러나 유추해석은 당해 사항에 관한 법규의 부존재에 불과하다.[4]

---

4) 라드브루흐(Radbruch)는 해석은 그 결과의 결과라고 하면서, 해석의 방법은 결론이 이미 확정된 후에 비로소 선택하는 것이라고 하였다. 즉, 실제로는 법문의 창조적 보충에 의하여 이미 발견된 결론을 후에 법문상 근거를 얻기 위한 방법에 지나지 않는다. 그리고 어떠한 창조적인 결론을 가져오든지 간에 항상 유추와 반대해석이라는 두 해석수단의 어느 것인가가 그 이유설명에 이용되는 것이라고 하였다.

다) 준용과의 구별

준용은 입법의 편의적 요청에 따른 것으로, 동일 법령이나 관련 법령에서 각각의 규정에 동일한 내용을 반복적으로 규정해야 하는 번잡함을 피하기 위하여 법규자체에서 다른 법규의 원용을 명문으로 규정하고 있는 것이다. 그러나 유추해석은 법해석의 방법에 불과하고, 유추를 인정하는 명문의 규정도 없다.

(4) 기타의 해석방법

1) 체계해석

체계해석은 법규가 전체가 통일적 법체계를 이루고 있으므로 법규에 규정된 법문의 의미내용을 다른 법규와 관련시켜 해석함으로써 법규의 의미 상호 간에 모순이 없도록 하는 해석방법을 말한다. 예를 들면, 형사소송법을 해석함에 있어서 헌법상 인권보장의 원칙이나 적법절차의 보장 및 인신구속에 관한 규정의 취지나 원리를 고려하면서 해석하는 것을 말한다.

2) 비교해석

비교해석은 법규의 의미를 구법(舊法)이나 외국법과 비교·대조하면서 하는 해석방법을 말한다. 특히, 계수법인 경우에는 이를 정확히 이해하기 위해서는 모법(母法)에 대한 연구·검토가 요구된다.

3) 목적해석

목적해석은 법제정의 목적을 고려하여 합리적인 의미내용을 찾아내는 해석방법을 말한다. 이와 같이 법제정의 목적을 법해석의 지도이념으로 하는 것이 목적법학이다. 여기의 목적에는 개개 법규의 목적뿐만 아니라 널리 법일반의 목적도 고려되며, 법제정 당시는 물론 법적

용 시에 요청되는 목적도 고려하여야 한다. 하지만 이 목적에 대한 고려가 지나치면 정의의 요청에 반하거나 사회규범으로서 요구되는 그 시대의 생활기준이나 시민의식과 배치되는 등, 법이 가진 본래의 의미를 벗어난 해석이 될 우려가 있음이 지적되고 있다.

〈참고〉해석의 기준시기에 따른 구별

가. **연혁적 해석설** - 연혁적 해석설은 법은 그 제정당시의 의미로 해석해야 한다는 견해이다. 그러나 이 설에 대하여는 시대와 글자 뜻의 변천에 따라 해석을 변경하는 경우에는 법의 개정을 요하지 않고도 그대로 적용할 수 있다는 점에서 입법과 사법을 혼동하고 있다는 비판이 있다.

나. **진화적 해석설** - 진화적 해석설은 법은 현실생활을 규율하는 것이므로, 그 해석은 판결 시를 기준으로 해야 한다는 견해이다. 이 설에 대하여는 판결 시마다 법의 내용이 달라질 수 있다는 점에서 법적 안정성을 해칠 우려가 있다는 비판이 있다.

제14장

법의 제재

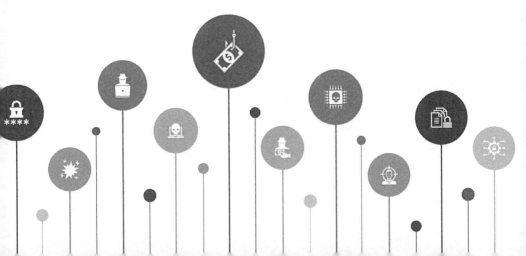

법의 제재

법의 제재란 법규칙을 위반한 경우에 법규상 객관적으로 예정되어 있는 불리한 조치를 그 법적 공동체의 정치권력에 의하여 위반자에게 강제적으로 부과하는 것을 말한다.

〈참고〉 **제재와 강제의 구별:** 강제는 의무자가 법규정을 이행하지 않은 경우에 억지로 이행시킨다는 의미이며, 제재는 이미 이행할 수 없거나 이행을 기대할 수 없는 경우에는 다른 형태로 법규정의 내용을 실현하거나 위반자에게 고통을 주는 것을 의미한다.

1. 성질에 따른 분류

(1) 강제이행

강제이행은 법규위반에 대해 국가공권력에 의하여 강제적으로 실현하는 것을 말한다. 민·행정법상 강제집행이 이에 해당한다.

(2) 원상회복

원상회복은 건물복구, 명예회복 등, 침해 전의 상태로 복귀하는 것을 말한다. 원상회복이 불가능할 경우에는 금전배상을 하게 한다.

(3) 징벌적 제재

징벌적 제재는 법규위반의 상대방에 대한 고려 없이 법규위반자에게 그 법규위반을 근거로 일정한 고통을 주는 제재를 말한다. 징벌적 제재는 원상회복으로는 불충분할 정도로 법규위반의 사회적 영향이 중대한 경우, 법규위반 상태를 회복할 수 없는 경우 및 불법을 줄이거나 예방하기 위한 위협적 효과의 목적이 있는 경우에 주로 부과된다.

2. 법규의 분야에 따른 분류

(1) 국내법상 제재

1) 헌법상 제재

헌법상 제재로는 (i) 대통령, 국무총리, 국무위원, 행정각부의 장, 헌법재판소 재판관, 법관, 중앙선거관리위원회 위원, 감사위원 등에 대한 탄핵(헌법 제65조 제1항1)), (ii) 정당의 목적이나 활동이 민주적 기

---

1) 헌법 제65조 ① 대통령·국무총리·국무위원·행정각부의 장·헌법재판소 재판관·법관·중앙선거관리위원회 위원·감사원장·감사위원 기타 법률이 정한 공무원이 그 직무집행에 있어서 헌법이나 법률을 위배한 때에는 국회는 탄핵의 소추를

본질서에 위배되는 경우의 정당의 해산(제8조 제4항2)), (iii) 국회의원의 징계·제명(헌법 제64조 제2항, 제3항3)) 등이 있다.

2) 행정법상 제재

(가) 공무원에 대한 제재

공무원에 대한 제재로는 신분상의 징계로서 파면, 해임, 강등, 정직, 감봉, 견책이 있다(국가공무원법 제79조). 또한 직무행위에 대하여는 위법·부당한 공무원의 명령 또는 처분의 취소·변경 등이 있다.

(나) 일반 시민에 대한 제재

가) 행정벌

행정벌은 행정법상 의무위반에 대하여 일반통치권에 기하여 과하는 벌로서, 행정형벌과 행정질서벌이 있다.

행정형벌은 행정행위위반의 중대성을 고려하여 그 위반행위에 대하여 형벌(형법 제41조)로서 처벌하는 경우를 말한다. 행정형벌은 형법상 형벌을 내용을 하므로 특별한 규정이 있는 경우를 제외하고는 원칙적으로 형법총칙이 적용되고 보통 법원에서 형사소송법의 절차에 의하여 처벌된다.

행정질서벌로는 과태료가 있다. 과태료는 형벌이 아니므로 형법총칙이나 형사소송법의 적용이 없고, 각 법률에 특별한 규정이 없는 한 비송사건절차법의 규정(제247조~제250조)에 의하여 과하여진다. 한편, 지방자치단체는 조례로써 조례위반행위에 대하여 1천만원 이하의 과태료 벌칙을 규정할 수 있으며, 이 과태료는 해당 지방자치단체의

의결할 수 있다.
2) 헌법 제8조 ④ 정당의 목적이나 활동이 민주적 기본질서에 위배될 때에는 정부는 헌법재판소에 그 해산을 제소할 수 있고, 정당은 헌법재판소의 심판에 의하여 해산된다.
3) 헌법 제64조 ② 국회는 의원의 자격을 심사하며, 의원을 징계할 수 있다.
③ 의원을 제명하려면 국회재적의원 3분의 2 이상의 찬성이 있어야 한다.

장이나 그 관할 구역의 지방자치단체의 장이 부과·징수한다(지방자치단체법 제34조).

나) 행정강제

행정강제는 행정청이 행정목적을 달성하기 위하여 개인의 신체나 재산에 실력을 가함으로써 행정상 필요한 상태를 실현하는 권력적 사실작용을 말한다. 행정강제에는 의무이행을 전제로 하는 강제집행과 의무불이행을 전제로 하지 않은 즉시강제가 있다.

행정상 강제집행은 행정법상 의무불이행에 대하여 행정청이 실력을 행사하여 의무를 이행시키거나 의무가 이행된 것과 같은 상태를 실현시키는 작용을 말한다. 이에는 (ⅰ) 도로상의 자동차제거 등과 같이 다른 사람이 대신해도 상관이 없는 경우로서 행정기관이 직접 또는 타인을 시켜 문제행위를 대신하는 대집행, (ⅱ) 다른 사람이 대신할 수 없는 작위의무 또는 부작위의무를 이행하지 않는 경우에 이를 강제로 이행시키기 위해 불이행시 과태료 부과를 미리 고지하고, 만약 이행하지 아니하면 의무자에게 부과하는 금전벌인 집행벌, (ⅲ) 급박한 경우나 다른 사람이 대신할 수 없는 경우에 의무자나 그가 갖고 있는 물건에 대해 직접 물리적 힘을 사용하여 의무를 강제로 이행시키는 직접강제, (ⅳ) 조세납부의무 등 금전납부의무의 강제절차인 행정상 강제징수 등이 있다.

즉시강제는 목전의 급박한 행정상 장해를 제거할 필요가 있는 경우에 미리 의무를 명할 시간적 여유가 없거나 그 성질상 의무를 명해서는 그 목적을 달성하기 곤란할 때에 국가가 직접 국민의 신체 또는 재산에 실력을 가하여 행정상 필요한 상태를 실현하는 작용을 말한다. 그 예로는 교통차단, 가택수색, 임검 등을 들 수 있다.

3) 형법상 제재

형법상 형벌로는 사형, 징역, 금고, 자격상실, 자격정지, 벌금, 구류, 과료, 몰수가 있다(형법 제41조).

(가) 사형

사형은 수형자의 생명을 박탈하는 형벌이다. 사형은 교정시설 안에서 교수(絞首)하여 집행한다(형법 제66조). 군형법의 경우에는 사형은 소속 군참모총장이 지정한 장소에서 총살로서 집행한다(군형법 제3조).

(나) 징역이나 금고

징역 또는 금고는 수형자를 교도소 내에 구치하여 자유를 박탈하는 것을 내용으로 하는 형벌이다. 징역과 금고는 정역(定役)을 복무하느냐 유무에 의하여 구분된다. 징역은 교정시설에 수용하여 집행하며, 정해진 노역(勞役)에 복무하게 한다(형법 제67조).

징역 또는 금고는 무기와 유기의 2종이 있다. 유기는 1월 이상 25년 이하이며, 형을 가중하는 경우에는 50년까지 과할 수 있다.

(다) 자격상실

자격상실은 일정한 형의 선고가 있으면 그 형의 효력으로서 당연히 일정한 자격이 상실되는 것을 말한다. 즉, 사형, 무기징역, 무기금고의 판결을 받은 경우에는 (ⅰ) 공무원이 되는 자격, (ⅱ) 공법상의 선거권과 피선거권, (ⅲ) 법률로 요건을 정한 공법상의 업무에 관한 자격, (ⅳ) 법인의 이사·감사 또는 지배인 기타 법인의 업무에 관한 검사역이나 재산관리인이 되는 자격은 당연히 상실된다(형법 제43조).

(라) 자격정지

자격정지는 일정한 기간 동안 일정한 자격의 전부 또는 일부를 정지시키는 것이다. 즉, (ⅰ) 유기징역 또는 유기금고의 판결을 받은 자에 대하여 그 형의 집행이 종료하거나 면제될 때까지 당연히 정지되는 당연정지(형법 제43조 제2항)와 (ⅱ) 판결선고에 의하여 자격의 전부 또는 일부를 정지하는 판결선고에 의한 자격정지(제44조)가 있다.

당연정지의 경우는 자격상실의 제1호 내지 제3호에 기재된 자격이 정지된다. 다만, 다른 법률에 특별한 규정이 있는 경우에는 그 법률에 따른다. 판결선고에 의한 자격정지의 기간은 1년 이상 15년 이하이며, 유기징역 또는 유기금고와 병과한 때에는 징역 또는 금고의 집행을 종료하거나 면제된 날로 부터 기산한다.

(마) 벌금

벌금은 범죄인에 대하여 일정한 금액의 지불의무를 강제적으로 부담하게 하는 것을 내용으로 하는 재산형이다. 벌금액은 5만원 이상이며, 다만, 감경하는 경우에는 5만원 미만으로 할 수 있다(형법 제45조).

벌금은 판결확정일로 부터 30일 이내에 납입하여야 하며, 벌금을 선고할 때에는 동시에 그 금액을 완납할 때까지 노역장에 유치할 것을 명할 수 있다(형법 제69조 제1항). 따라서 벌금을 선고할 때에는 납입하지 아니하는 경우의 노역장 유치기간을 정하여 동시에 선고하여야 한다. 이때 선고하는 벌금이 1억원 이상 5억원 미만인 경우에는 300일 이상, 5억원 이상 50억원 미만인 경우에는 500일 이상, 50억원 이상인 경우에는 1천일 이상의 노역장 유치기간을 정하여야 한다(형법 제70조). 벌금형을 선고받은 사람이 그 금액의 일부를 납입한 경우에는 벌금액과 노역장 유치기간의 일수(日數)에 비례하여 납입금액에 해당하는 일수를 뺀다(형법 제71조).

(바) 구류

구류는 수형자를 교도소 내에 구치하는 것을 내용으로 하는 구금형이다. 그 기간이 1일 이상 30일 미만이며, 정역에는 복무하지 않는다(형법 제46조, 제68조). 그 대상은 형법상은 폭행죄, 과실상해죄, 협박죄 등 예외적인 경우에만 적용되고, 주로 경범죄처벌법이나 단행법규에 규정되어 있다.

(사) 과료

과료는 범죄인에게 일정한 금액의 지불을 강제적으로 부담하게 하는 재산형이다. 과료액은 2천원 이상 5만원 미만이다(형법 제47조). 과료는 판결확정일로부터 30일 내에 납입하여야 하며, 이를 납입하지 아니 한 자는 1일 이상 30일 미만의 기간 동안 노역장에 유치하여 작업에 복무하게 한다(형법 제67조).

과료는 과실상해죄, 점유이탈물횡령죄 또는 경범죄처벌법이나 단행법률에 규정되어 있는 재산형이며, 벌금과는 그 액수에서 차이가 있다. 과료는 행정상의 제재인 과태료와는 구별된다.

(아) 몰수

몰수는 범죄반복의 방지나 범죄에 의한 이득의 금지를 목적으로 하는 범죄행위와 관련된 재산을 박탈하는 것을 내용을 하는 범죄이다.

몰수의 대상은 범인 외의 자의 소유에 속하지 아니하거나 범죄 후 범인 외의 자가 사정을 알면서 취득한 물건으로서, (ⅰ) 살인 흉기 등 범죄행위에 제공하였거나 제공하려고 한 물건, (ⅱ) 위조문서나 위조지폐 등 범죄행위로 인해 생겨났거나 이로 인해 취득한 물건 및 (ⅲ) 이들 물건의 대가로 취득한 물건이다(형법 제48조 제1항).

몰수는 다른 형벌에 부가하여 과한다. 다만, 행위자에게 유죄의 재판을 아니할 때에도 몰수의 요건이 있는 때에는 몰수만을 선고할 수 있다(형법 제49조). 몰수가 불가능하면 그 가액을 추징한다. 다만, 문서, 도화, 전자기록 등 특수매체기록 또는 유가증권의 일부가 몰수에 해당하는 때에는 그 부분을 폐기한다(형법 제48조 제2항, 제3항).

4) 사법상 제재

사법상 제재로는 (ⅰ) 채무변제를 국가의 공권력을 통해 이행하게 하는 강제집행, (ⅱ) 채무불이행 또는 불법행위 등으로 타인에게 손해를 가한 경우에 그 손해를 전보해 주는 손해배상(민법 제750조-제766조 참조4)). 다만, 타인의 명예를 훼손한 자에 대하여 법원은 피해자의 청구에 의하여 손해배상에 갈음하거나 손해배상과 함께 명예회복에 적당한 처분을 명할 수 있다(민법 제764조)), (iii) 친권상실(민법 제924조-제924조의2⁵⁾ 참조), 소멸시효(민법 제162조-제165조⁶⁾ 참조) 등 권리자가 법규에 위반하거나

---

4) 불법행위로 인한 손해배상의 청구권은 피해자나 그 법정대리인이 그 손해 및 가해자를 안 날로부터 3년간 이를 행사하지 아니하면 시효로 인하여 소멸한다. 불법행위를 한 날로부터 10년을 경과한 때에도 전항과 같다. 다만, 미성년자가 성폭력, 성추행, 성희롱, 그밖의 성적(性的) 침해를 당한 경우에 이로 인한 손해배상청구권의 소멸시효는 그가 성년이 될 때까지는 진행되지 아니한다(민법 제766조).

5) 민법 제924조(친권의 상실 또는 일시 정지의 선고) ① 가정법원은 부 또는 모가 친권을 남용하여 자녀의 복리를 현저히 해치거나 해칠 우려가 있는 경우에는 자녀, 자녀의 친족, 검사 또는 지방자치단체의 장의 청구에 의하여 그 친권의 상실 또는 일시 정지를 선고할 수 있다.

② 가정법원은 친권의 일시 정지를 선고할 때에는 자녀의 상태, 양육상황, 그 밖의 사정을 고려하여 그 기간을 정하여야 한다. 이 경우 그 기간은 2년을 넘을 수 없다.

③ 가정법원은 자녀의 복리를 위하여 친권의 일시 정지 기간의 연장이 필요하다고 인정하는 경우에는 자녀, 자녀의 친족, 검사, 지방자치단체의 장, 미성년후견인 또는 미성년후견감독인의 청구에 의하여 2년의 범위에서 그 기간을 한 차례만 연장할 수 있다.

제924조의2(친권의 일부 제한의 선고) 가정법원은 거소의 지정이나 그 밖의 신상에 관한 결정 등 특정한 사항에 관하여 친권자가 친권을 행사하는 것이 곤란하거나 부적당한 사유가 있어 자녀의 복리를 해치거나 해칠 우려가 있는 경우에는 자녀, 자녀의 친족, 검사 또는 지방자치단체의 장의 청구에 의하여 구체적인 범위를 정하여 친권의 일부 제한을 선고할 수 있다.

6) 민법 제162조(채권, 재산권의 소멸시효) ① 채권은 10년간 행사하지 아니하면 소멸시효가 완성한다.

② 채권 및 소유권 이외의 재산권은 20년간 행사하지 아니하면 소멸시효가 완성한다.

제163조(3년의 단기소멸시효) 다음 각호의 채권은 3년간 행사하지 아니하면 소멸시효가 완성한다.

1. 이자, 부양료, 급료, 사용료 기타 1년 이내의 기간으로 정한 금전 또는 물건의 지급을 목적으로 한 채권
2. 의사, 조산사, 간호사 및 약사의 치료, 근로 및 조제에 관한 채권
3. 도급받은 자, 기사 기타 공사의 설계 또는 감독에 종사하는 자의 공사에 관한 채권

권리를 오랫동안 행사하지 않는 경우에 권리를 상실하게 되는 실권(失權) 등이 있다.

(2) 국제법상 제재

국제법규에 위반한 경우에는 경제단교, 무력제재, 전쟁 등의 방법에 의한 재재가 가능하다. 하지만 국제관계에서는 조직적인 중앙권력의 부재로 인하여 제재 자체가 불완전하다. 국제연합에서의 의사결정도 그 집행에 있어서는 각국의 이해관계에 따라 차이가 있기 때문에 완벽하게 대처하지는 못하는 것이 현실이다. 역사적으로는 제2차 세계대전 후 독일 뉘른베르크(Nuerenberg)와 일본 도쿄(東京)의 군사법원에서의 전범재판과 같이 국제범죄에 대하여 국제형벌이 부과된 적도 있지만 아직은 국제법규위반에 대하여는 각 나라의 국내기관에 그 처벌을 위임하고 있는 실정이다.

---

4. 변호사, 변리사, 공증인, 공인회계사 및 법무사에 대한 직무상 보관한 서류의 반환을 청구하는 채권
5. 변호사, 변리사, 공증인, 공인회계사 및 법무사의 직무에 관한 채권
6. 생산자 및 상인이 판매한 생산물 및 상품의 대가
7. 수공업자 및 제조자의 업무에 관한 채권
제164조(1년의 단기소멸시효) 다음 각호의 채권은 1년간 행사하지 아니하면 소멸시효가 완성한다.
1. 여관, 음식점, 대석, 오락장의 숙박료, 음식료, 대석료, 입장료, 소비물의 대가 및 체당금의 채권
2. 의복, 침구, 장구 기타 동산의 사용료의 채권
3. 노역인, 연예인의 임금 및 그에 공급한 물건의 대금채권
4. 학생 및 수업자의 교육, 의식 및 유숙에 관한 교주, 숙주, 교사의 채권
제165조(판결 등에 의하여 확정된 채권의 소멸시효) ① 판결에 의하여 확정된 채권은 단기의 소멸시효에 해당한 것이라도 그 소멸시효는 10년으로 한다.
② 파산절차에 의하여 확정된 채권 및 재판상의 화해, 조정 기타 판결과 동일한 효력이 있는 것에 의하여 확정된 채권도 전항과 같다.
③ 전2항의 규정은 판결확정당시에 변제기가 도래하지 아니한 채권에 적용하지 아니한다.

〈참고〉 뉘른베르크 전범재판과 도쿄 전범재판: 뉘른베르크(Nürenberg) 전범재판은 제2차 세계대전이 끝난 후에 미국, 영국, 프랑스, 소련, 폴란드 등 연합국 측의 주도로 전쟁을 일으킨 나치 독일의 전범자들과 유대인 학살관련자들을 처벌하기 위해 뉘른베르크에서 열린 전범재판을 말한다. 뉘른베르크 국제군사재판이라고 한다. 이때 피고인들은 침략 전쟁 등의 공모와 참가, 계획, 실행과 전쟁 범죄, 비인도적 범죄(유대인 학살) 등의 이유로 기소되어 처벌되었다.

도쿄(東京) 전범재판은 1946년 1월 19일 '극동 국제군사재판소의 설립에 관한 연합국 최고사령관의 특별성명서'와 '극동 국제군사재판소 조례'(총 17조)에 의해 1946년 5월 3일 도쿄에서 열린 전범재판을 말한다. 정식 명칭은 극동 국제군사재판(International Military Tribunal for the Far East)이다. 이 재판은 도쿄에서 연합군 총사령부에 의해 개정되었으며, 평화와 인도주의에 관한 죄, 통상적인 전쟁 범죄, 인도에 관한 죄 중 평화에 관한 죄에 관련되어 기소된 중대 전쟁범죄자에 대해서만 심리·처벌함을 목적으로 하였다. 그러나 이 재판에서는 개인의 형사책임을 물을 뿐 군과 정부에서 조직적·집단적으로 자행된 범죄에 대해서는 다루어지지 않았을 뿐만 아니라 만주사변 이후의 침략 사건에 대한 기소만 이루어졌기 때문에 러일전쟁, 중일전쟁 시기의 식민지 침략과정에서 벌어진 비인도적 행위들은 묵인되었다.

제15장

법률관계의 논리구조

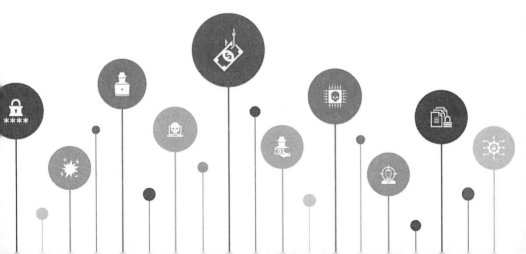

법률관계의 논리구조

1. 법률관계의 개념

사람들은 사회생활관계 속에서 법의 규율을 받는다. 이를 법률관계라고 한다. 즉, 법률관계란 법이 규율하는 사람과 사람 또는 물건과 사람의 생활관계로서 외면적으로는 권리와 의무관계로 나타나며, 형식적인 면에서는 법규칙이라는 강제규칙에 의하여 연결되어 있는 생활관계를 말한다. 따라서 법률관계는 법규칙에 의하여 법률주체 간의 권리·의무의 발생·변경·소멸을 규율하는 관계이며, 이 관계의 질서 있는 유지·발전을 위하여 국가권력은 조직된 제재를 사용하고 있다. 법률관계는 법률제도와는 구분된다.

사회생활관계에는 다음 2가지가 있다. 먼저, 자연적으로 존재하는 생활관계로서 부부관계, 친자관계 등이 이에 해당하며, 이들은 협동체를 기반으로 하고 영속적인 성질을 가지므로 사정변경의 원칙이 적용된다. 다음은 인위적으로 설정된 생활관계로서 매매, 고용 등이 이에 해당하며, 이들은 사회체를 기반으로 하고 일시적이어서 사정변경의 영향을 적게 받는다.

> **〈참고〉법률제도:** 법률제도는 법질서 중에 존재하는 다수의 동종의 법률관계로부터 공통점을 찾아내어 이들에게 공통적으로 적용될 수 있는 다수의 규정을 설정하고, 이를 일정한 순서에 따라 배열한 것을 말한다. 그 예로는 매매·어음제도 등을 들 수 있다. 이외에 법률제도는 단순히 추상적인 법률관계만이 아니라 무능력·대리·시효와 같은 하나의 목적에 관계된 일단의 법규정을 가리키는 용어로도 사용된다.

2. 법률관계의 구조에 관한 이론

(1) 두 개의 주체이론

두 개의 주체이론은 모든 법규칙은 두 인격, 즉 능동적 주체와 수동적 주체 사이의 법률관계를 설정하는 것이며, 이외에 급여(prestation) 또는 급부가 존재한다고 한다.[1] 능동적 주체는 법률관계의 이익을 받는 주체로서 넓은 의미의 채권자를 말하며, 수동적 주체는 법률관계의 의무를 부담하는 주체로서 넓은 의미의 채무자를 말한다. 그리고 급여는 능동적 주체가 주장하고, 수동적 주체가 부담하는 작위 또는 부작위를 의미한다. 예를 들면, 소유권을 대상으로 하면, 능동적 주체는 소유자이며, 수동적 주체는 소유자 이외의 모든 사람이고, 급여는 배타적 권리를 침해하지 않는 것을 의미한다. 또한 언론의 자유를 대상으로 하게 되면, 능동적 주체는 언론인이고, 수동적 주체는 정부당국 기타 타인이며, 급여는 기사의 편집·발행 등을 해치는 모든

---

[1] 오르톨랑(Ortolan)은 "법은 필연적으로 하나 또는 여럿의 수동적 주체를 갖고 있다"고 하였다.

행위를 삼가는 것이 된다.

이 이론은 능동적 주체의 권리와 수동적 주체의 의무에 동일한 내용을 부여하며, 권리와 의무의 상호관계를 밝혔다는 점에서 의의가 있지만, 조직법규 등 일정한 법규칙에 관해서는 설명이 어렵게 된다.

(2) 목적물에 대한 권리이론

목적물에 대한 권리이론은 법률관계를 법률주체와 그 목적물 간의 관계로 보는 견해이다. 즉, 소유권이나 국적 등은 그 법률관계가 지속적이고 강력하지만, 물건을 빌리는 경우는 그것이 짧고 약하다고 하는 것이다.

이 이론에 의하면 물권은 비교적 이해하기 쉽지만, 명예권 등 인격권에 대해서는 설득력이 떨어진다.

(3) 소결

우리의 생활관계는 복잡하고 다양하기 때문에 법률관계도 복잡하고 다양하다. 따라서 그 구조는 하나로 특정할 것이 아니라 부문별로 그 내용에 따라 개별적으로 검토하는 것이 보다 합리적이다.

3. 법률주체

법률주체란 법규칙이 부여하는 기능을 이용하고, 그 명령에 복종하기에 적합한 것으로 법률상 인정되어 있는 인격체를 말한다. 즉, 법적 생활관계 속에서 권리·의무의 담당자가 될 수 있는 자격 또는 능력을 갖춘 인격체를 말한다.

(1) 자연인

인간은 생존한 동안 모두 법적 인격자로서 법률상 권리·의무의 주체가 된다(민법 제3조). 따라서 태아는 일반적으로는 법률상 권리·의무의 주체가 될 수 없지만 민법상 상속(제1000조 제3항)과 불법행위에 기한 손해배상청구(제762조)에 있어서는 주체가 될 수 있다. 또한 사자(死者)도 형법상 명예의 주체로 인정되고, 따라서 허위사실을 유포하여 사자에 대한 명예를 훼손한 경우에는 사자에 대한 명예훼손죄(형법 제308조[2])가 인정된다.

(2) 법인

1) 의의

법인이란 구성원들인 사원들로부터 법률상 독립하여 존재하고 독자적 기관과 재산을 가지고 활동하는, 즉 법률에 의하여 권리를 누리고 의무를 부담하는 자격이나 능력이 인정된 단체를 말한다. 법인에 대하여는 사회적 필요에 의하여 독립한 사회활동의 단위로서의 자격을 인정하고, 법률상 권리능력을 부여하는 것이며, 궁극적으로는 단체의 명의로서 갖는 재산(독립된 책임재산)에 대하여 강제집행을 받을 수 있는 지위를 인정한다.

2) 종류

법인설립의 근거법이 무엇이냐에 따라 특별한 공공목적을 위하여 별도의 특별한 법적 근거에 의하여 설립되는 공법인(公法人, 국가와 공공단체를 모두 포함한다)과 일반 사법상 사법인(私法人)이 있다.

---

2) 형법 제308조(사자의 명예훼손) 공연히 허위의 사실을 적시하여 사자의 명예를 훼손한 자는 2년 이하의 징역이나 금고 또는 500만원 이하의 벌금에 처한다.

사법인은 법인의 기초가 무엇이냐에 따라 같은 목적을 가진 사람들의 집단조직인 사단(社團)과 교육이나 장학 등의 일정한 목적을 위해 재산을 기초로 하여 조직된 재단(財團)이 있다. 또한 사단법인에는 영리활동을 목적으로 하는가 여부에 따라 회사, 은행 등과 같이 구성원의 금전적·영리적 이익을 직접목적으로 하는 영리사단법인과 대한적십자사 등과 같이 학술·종교·자선·기예·사교 기타 영리아닌 사업을 목적으로 하는 비영리사단법인이 있다. 재단법인은 원칙적으로 비영리법인이지만, 예외적으로 법률이 허용하는 범위 내에서 제한적으로 영리활동이 허용되기도 한다.

3) 주체 인정범위

법인은 국가의 경우를 제외하고는 구체적인 법령 및 그 법인의 근본규칙인 정관, 설립행위 등에 의해 정해지는 목적의 범위 내에서 권리를 갖고 의무를 부담한다. 또한 이들은 민·형사상 명예권의 보호를 받을 수 있다.

4. 법규의 논리구조

법규는 일반적으로 법률요건과 법률효과로 구성되어 있다.[3)]

(1) 법률요건

법률요건은 법률효과의 발생원인 또는 전제가 되는 조건을 말하며, 구성요건이라고 한다. 이러한 법률요건은 1개 또는 수개의 법률사실로 구성된다. 법률사실은 용태(容態)와 사건으로 나뉜다.

---

3) 법규는 때로는 단순히 일정한 기준을 설정하거나 용어를 정의하는 것도 있다.

1) 용태

법률사실로서 용태는 사람의 정신작용에 기한 것으로, 외부적 용태와 내부적 용태로 나뉜다.

(가) 외부적 용태(행위)

가) 법률행위

법률행위는 일정한 사법상 효과의 발생을 목적으로 하는 1개 또는 수개의 의사표시를 불가결의 요소로 하는 법률요건을 말한다. 법률행위는 의사표시의 내용대로 법률효과를 발생하게 한다.

(a) 단독행위, 계약, 합동행위

단독행위는 행위자 한사람의 1개의 의사표시로 성립하는 법률행위이다. 이에는 상대방 있는 단독행위와 상대방이 없는 단독행위가 있다. 채무면제, 동의, 취소 등이 전자에 해당하고, 재단법인의 설립행위, 유언 등이 후자에 해당한다.

계약은 서로 대립하는 두개 이상의 의사표시의 합치에 의하여 성립하는 법률행위이다. 매매, 교환 등이 이에 해당한다.

합동행위는 같은 목적을 향한 여러 개의 의사표시가 합치함으로써 성립하는 법률행위이다. 법인의 설립행위 등이 이에 해당한다.

(b) 요식행위와 불요식행위

요식행위란 법률행위의 요소인 의사표시에 서면 기타 일정한 방식을 필요로 하는 법률행위를 말한다. 혼인, 유언, 어음발행 등이 이에 해당한다.

불요식행위란 일정한 방식을 필요로 하지 않는 법률행위를 말한다. 통상의 법률행위는 이러한 방식에 의하여 행한다.

나) 준법률행위

준법률행위는 그 법률효과가 행위자의 의사표시의 내용대로가 아니라 법률에서 정해놓은 일정한 효과를 발생하게 하는 행위를 말한다.

(a) 표현행위

표현행위는 일정한 의식내용의 표현을 말한다. 이에는 다음의 것들이 있다. 즉, (i) 의사의 통지로서, 일정한 의사를 외부에 표시하는 것은 의사표시와 동일하지만 그 의사가 법률효과를 의욕하는 효과의 사가 아닌 점에서 의사표시와 다르다. 최고, 거절 등이 이에 해당한다. (ii) 관념의 통지로서, 일정한 사실을 통지하는 행위이다. 채무승인, 채권양도통지 등이 이에 해당한다. (iii) 감정의 표시로서, 용서와 같이 표시된 의식내용이 감정인 경우이다.

(b) 사실행위

사실행위(비표현행위)는 의사의 내용은 불문하고, 그 행위의 존재 또는 그 행위에 의하여 생긴 결과만이 법률에 의해 법률상 의미가 부여되는 것이다. 가공, 무주물선점, 유실물습득 등이 이에 해당한다.

(나) 내부적 용태

내부적 용태는 내심적인 의식상태를 말한다. 이에는 관념적 용태와 의사적 용태가 있다. 선의 · 악의 등이 전자에 해당하고, 소유의 의사, 본인의 의사 등이 후자에 해당한다.

〈참고〉 **선의와 악의:** 법학상 선의와 악의의 개념은 윤리적 의미를 가진 것이 아니고 일정한 사실에 대한 지(知) 또는 부지(不知)라는 심리상태를 말한다. 즉, 선의(善意)란 어떤 사실을 알지 못하는 것을 의미하며, 악의(惡意)란 어떤 사실을 알고 있는 것을 뜻한다.

---

2) 사건

법률사실로서 사건은 사람의 정신작용에 의거하지 않은 것을 말한다. 시간의 경과, 출생, 사망, 물건의 멸실 등이 이에 해당한다.

(2) 법률효과

법률효과는 권리를 부여하거나 또는 의무를 부담시키는 것을 말한다. 즉, 공법은 법률효과로서 일정기관에 권한을 부여하며, 형법은 법률효과로서 그 위반에 대해 형벌을 부과한다.

제16장

권리와 의무

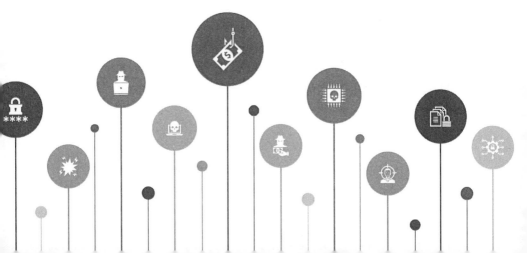

제16장

권리와 의무

　　법률관계는 일반적으로 권리·의무관계로 표현된다. 고대나 중세에는 법률관계의 내용으로 윤리관념이 강조되었다. 즉, 법학의 관념은 정의를 중심으로 하여 각인이 정의를 존중한 결과로 인식하였으며, 따라서 권리개념은 아직 인정되지 않았고 구속으로서의 의무관념만 인정되었었다. 첼수스(Celsus)는 "법이란 것은 선 및 공정의 술이다"이라고 하였다.

　　그러다가 17·8C 자연법사상의 대두와 더불어 자유주의와 민주주의 사상이 발달하면서 권리관념을 더욱 존중하게 되었다. 그러나 20C에 들어오면서 복지국가가 강조되고, 따라서 사회중심적 사고로 바뀌면서 다시 의무관념이 강조되면서 법률관계도 권리·의무의 융합체로서 인식하게 되었다. 헌법 제37조 제2항에서는 "국민의 모든 자유와 권리는 국가안전보장·질서유지 또는 공공복리를 위하여 필요한 경우에 법률로써 제한할 수 있다"고 규정하고 있다.

1. 권리와 의무의 본질과 의의

(1) 권리의 본질

1) 권리의 본질에 관한 이론

(가) 의사설

의사설은 권리는 법률에 의하여 주어진 의사의 힘 또는 의사의 지배라고 하는 견해이다. 대표적인 학자로는 칸트(Kant), 헤겔(Hegel), 사비니(Savigny), 빈트샤이트(Windscheid) 등이 있다.

이 설에 대하여는 다음의 비판이 있다. 즉, (ⅰ) 권리주체가 되기 위해서는 먼저 의사주체가 되어야 하는데, 유아나 심신상실자는 의사무능력자이므로 권리가 없다고 해야 하지만 이는 현행법의 태도와 모순된다. (ⅱ) 이 견해에서는 '의사'를 '법률의 의사'로 파악하지만 자연인이 아닌 법률이 의사를 갖는 것은 무의미하다. (ⅲ) 의사능력은 권리행사의 수단에 불과하고 권리의 성립조건은 아니며, 특히 권리만 갖고 있는 상태에서는 의사능력을 요하지 않는다.

(나) 이익설

이익설은 권리는 법에 의하여 보호되는 이익이라고 하는 견해이다. 대표적인 학자로는 예링(Jhering), 데른부르크(Heinrich Dernburg) 등이 있다. 이 입장에서는 권리의 주체는 이익주체와 일치하므로 의사무능력자도 권리의 주체가 될 수 있다고 한다.

이 설에 대하여는 다음의 비판이 있다. 즉, (ⅰ) 이익은 권리의 목적 또는 권리행사로 인한 결과이다. (ⅱ) 친권과 같이 권리를 행사하더라도 이익이 없는 경우가 있다. (ⅲ) 옆 식당이 영업정지를 당함에 따라 손님이 늘어난 것과 같은 반사적 이익을 권리로 보게 되는 불합리가 생길 수 있다. (ⅳ) 교통규칙준수에 따른 안전보장과 같이 법률에 의한 이익보호는 권리라는 형태로만 얻어지는 것은 아니다.

(다) 이익의사설

이익의사설은 권리는 의사설과 이익설을 합친 것으로, 법에 의하여 규정된 의사의 힘에 의하여 보호되는 이익이라고 하는 견해이다. 대표적인 학자로는 엘리네크(Jellinek), 베커(Bekker) 등이 있다.

(라) 법력설

법력설은 권리는 일정한 이익을 향유할 수 있게 하기 위하여 부여된 법률상의 힘 또는 가능성이라고 하는 견해이다. 대표적인 학자로는 메르켈(Merkel), 레겐베르거(Regenberger) 등이 있다. 즉, 법은 권리를 부여하는 것에 의해 특정인으로 하여금 법의 보호아래에서 일정한 이익을 향유하게 하는 것이라고 한다. 이 견해는 법의 실질적 요소인 이익과 형식적 요소인 권리행사의 전제인 법률상 힘을 결합시킨 것이다. 여기서 '법률상 힘'은 사실상 힘과는 구별되며, 현실적으로 이익을 받을 것을 요하지는 않는다. 또한 이익은 사회생활에 필요한 이익으로서, 재산적 이익뿐만 아니라 인간의 사회생활에서 가지는 이익일반을 가리킨다.

(마) 소결

권리를 실정법적인 것으로 파악하게 되면, 권리는 특정 이익을 전제로 하여 존립하는 것이므로, 특정 이익에 관해 권리를 갖는 자는 특정 또는 불특정의 상대방에게 당해 이익을 자기 이익으로 주장할 수 있는 힘을 법에 의해 부여받고 있는 것이라고 할 수 있다.[1] 따라서 법력설이 타당하다(통설). 다만, 인간의 천부의 권리하고 하는 것은 강대한 권력을 갖는 국가로부터 개인의 생명·재산·자유를 보호하기 위해

---

[1] 예링(Jhering)은 권리를 위한 투쟁은 권리자의 영광스러운 의무이며, 권리를 주장함으로써 손해를 입는다고 하더라도 권리를 위해 싸운다는 것이 침해당한 자기인격을 회복하기 위한 윤리적 의무라고 하였다.

국가의 정당한 세력범위에 일정한 구획을 지어 놓은 것에 불과하다. 따라서 오늘날은 권리라고 하더라도 사회본위 법률관에 근거하여 초법적·절대적인 것으로는 보지 않고 법률에 의하여서 제한할 수 있는 것으로 하고 있다(헌법 제37조 제2항).[2]

〈참고〉**권리부인론:** 권리부인론은 법을 하나의 사회현상으로 보면서 형이상학을 철저히 배격하고, 실증주의와 사회연대주의 입장에서 '법은 의무를 중심으로 형성되어야 하며, 권리를 중심으로 하여서는 안 된다'고 주장한다. 대표적인 학자로는 뒤기(Léon Duguit) 등이 있다. 이 설은 전통적 공법이론, 특히 권력적 독일이론 및 개인주의적 프랑스이론을 배척하기 위한 것이었다.

---

2) 권리의 의의

권리는 법익을 향수하기 위하여 법이 부여한 힘이다(법력설). 즉, 법의 명령 또는 금지가 특정인에게 이익을 부여하는 성질의 것인 경우로서, 그 자에게 법률상 이익을 허용하는 때에는 그 자는 권리를 갖는다. 다시 말해서 권리란 보편적이고 추상적이며, 불특정 다수인을 위한 법질서가 특정의 경우에 개별화하고 구체화된 면이라고 할 수 있다. 실제적으로 법질서의 주요 부분은 그 단위를 구성하는 무수한 권리의 집합체에 불과하다.

한편, 법과 권리 중 어느 것이 먼저 존재하느냐에 대해서는 (ⅰ) 천부인권설에 근거하여 권리를 승인·보호하기 위하여 법이 제정된 것이라고 보는 권리선존설(權利先存說)과 (ⅱ) 권리는 법익을 향수하도록 법에 의하여 주어지는 힘이라고 하는 법선존설(法先存說)이 있다. 그러나 양자는 실제적으로 동일물이므로 어느 것이 선존하느냐 하는 것은

---

2) 파운드(Pound)는 권리에 대하여 이익(interest), 요구(claim), 능력(capacity), 자유(liberty), 정의(justice)의 5가지 개념으로 설명하고 있다.

무의미하다.

3) 권리와 구별개념

(가) 법률관계

법률관계는 권리발생의 연원을 의미한다. 즉, 매매, 어음발행 등의 법률관계로 인해 권리가 발생하게 된다.

(나) 권한

권한은 공법상 또는 사법상 개인이나 법인 또는 단체의 기관이 법령·정관 등에 의하여 행할 수 있는 일의 범위를 말한다. 권리는 그 행사가 직접 권리자의 이익으로 되지만, 권한은 그 단체 등의 이익을 위하여 행사되는 것이다.

(다) 권능

권능은 권한 속에 포함된 개개의 작용을 말한다. 예를 들면, 소유권에는 사용권, 수익권, 처분권 등의 권능이 있다.

(라) 권원

권원은 어떤 법률상 또는 사실상 행위를 정당화시키는 법률상 근거를 말한다. 예를 들면, 타인의 물건을 귀속시킬 수 있는 권원에는 지상권·임차권 등이 있다.

(마) 반사적 이익

반사적 이익은 사회일반을 대상으로 한 법규정의 결과로 각각의 사람이 저절로 받게 되는 이익을 말한다. 따라서 이 이익이 타인에 의해 방해를 받더라도 적극적으로 권리를 주장하여 보호를 청구하지는 못한다. 즉, 주변의 공원이나 도로 등의 사용의 이익은 반사적 이익에 불과하므로 이를 제한받더라도 손해배상청구권의 대상이 되지 않는다.

(바) 권력

권력은 일정한 개인 또는 집단이 다른 개인 또는 집단을 통해 강제 또는 지배하는 힘을 말한다. 다만, 권력은 공익달성을 목표로 한 법률상 힘이어야만 법의 보호를 받는다.

(2) 의무의 본질

1) 의무의 본질에 관한 이론

의무의 본질에 대해서는 (ⅰ) 의무는 법에 의하여 정하여진 의사의 구속력이라고 하는 의사설(권리의 본질에 있어서 의사설), (ⅱ) 의무를 법률상의 책임이라고 하는 책임설, (ⅲ) 의무란 일정한 작위 또는 부작위를 하여야 할 법적 구속력이라고 하는 법적 구속력설(권리의 본질에 있어서 법력설의 입장) 등이 있다. 법적 구속력설이 다수설이다.

2) 의무의 의의

의무는 일정한 행위를 하여야 할 또는 하여서는 아니 될 법률상 구속을 말한다(법적 구속력설). 의무는 책임과는 구분된다. 즉, 책임은 의무를 전제로 하여 의무위반으로 인한 형사상, 민사상 기타 법률상의 제재를 받아야 할 기초을 말하는 것으로, 의무와는 구분된다. 그러나 통상적으로 의무는 책임을 수반함으로써 구속성을 가진다. 다만, 자연채무는 의무를 이행하지 않더라도 법적 책임을 부담하지 않는다는 점에서 예외이다.

> 〈참고〉 **자연채무:** 자연채무란 채무자가 채무를 이행하지 않은 경우에도 채권자가 그 이행을 소(訴)로써 청구하지 못하는 채무를 말한다. 민법상에서는 자연채무에 관하여 규정하고 있지 않지만 통설은 이를 인정한다.

(3) 권리와 의무의 관계

권리와 의무는 채권과 채무의 관계와 같이 원칙적으로 서로 대응하여 존재한다. 그러나 이에는 예외가 존재한다. 즉, (i) 의무를 수반하지 않는 권리이다. 형성권으로서 취소권, 동의권, 해제권 등이 이에 해당한다. (ii) 권리를 수반하지 않는 의무이다. 납세의무, 국방의무, 등기의무 등이 이에 해당한다. (iii) 권리와 의무가 공존하는 경우이다. 근로권과 근로의무, 친권에 의한 부양권과 부양의무 등이 이에 해당한다. 특히, (iii)의 경우는 권리자 개인의 이익보호와 동시에 타인이나 사회일반의 이익을 충족시키려는 경우이다.

2. 권리와 의무의 분류

(1) 권리의 분류

권리는 공법상 권리인 공권(公權)과 사법상 권리인 사권(私權)으로 나뉜다. 공권은 사권과 달리 개인적 이익만을 위하여 인정되는 것이 아니고, 이것을 개인에게 향유시키는 것이 국가적·공익적 차원에서 필요하기 때문에 인정된다(공익성). 또한 공권은 사권과 달리 일신전속적 성질(一身專屬性)을 가지므로 타인에게 상속·양도할 수 없고, 권리의 이전과 포기가 제한되며(불융통성), 타인이 대행할 수 없는(비대체성) 특징을 가지고 있다.

1) 공권의 분류

공권은 국제법상 공권과 국내법상 공권으로 나뉘며, 후자는 다시 국가적 공권과 개인적 공권으로 나뉜다.

(가) 국제법상 공권

국제법상 공권은 한 국가가 국제사회에서 존립·활동하기 위한 권리를 말한다. 독립권, 평등권, 자위권, 교통권, 상호 존중권 등이 이에 해당한다.

(나) 국내법상 공권

국내법상 공권은 행정주체에 따라 국가적 공권과 개인적 공권으로 나뉜다.

가) 국가적 공권

국가적 공권은 국가나 공공단체가 법률의 규정에 따라 국민에 대하여 가지는 권리를 말한다. 국가적 공권은 국가 통치권의 발현이므로 행정주체의 의사에 대하여 법률상 우월한 힘이 인정되고 있다. 따라서 국가적 공권은 행정주체가 법률 또는 이에 의거한 일방적인 행정행위에 의하여 공권의 내용을 스스로 결정하며(권리자율성), 법령의 규정에 의하여 그 내용을 행정권의 자력으로써 실현할 수 있고(자력강제성), 그 침해에 대하여 제재를 부과할 수 있다(행정벌)는 특징을 가지고 있다.

국가적 공권은 (ⅰ) 일반적으로 국가의 3권을 기준으로 입법권, 사법권, 행정권으로 나뉜다. 또한 (ⅱ) 권리의 목적에 따라서 행정조직권, 재정권, 군정권, 형벌권, 과세권, 공기업권, 경찰권, 보육권 등으로 나뉘며, (ⅲ) 권리의 내용에 따라 명령을 내용으로 하는 명령권, 신체나 재산에 대하여 강제력을 행사하는 강제권, 법률관계를 설정, 변경, 소멸하게 하는 형성권, 공물의 관리주체인 국가 또는 지방자치단체가 공물(公物)의 존립을 유지하고 해당 물건을 공공목적을 위하여 사용함으로써 공물 본래의 목적을 달성하도록 관리작용을 행할 수 있는 권한인 공법상 물권(공물관리권) 등으로 나뉜다.

나) 개인적 공권

개인적 공권은 개인이 공법관계에서 국가에 대하여 가지는 권리를 말한다. 자유권, 참정권, 수익권 등이 이에 해당한다.

(1) 자유권

자유권(소극적 공권)은 행정작용에 의하여 위법한 자유침해를 당하지 않을 권리를 말한다. 이것은 위법한 자유침해가 있는 경우 그 침해의 배제를 청구할 수 있는 권리를 내포한다.

(2) 참정권

참정권(능동적 공권)은 행정주체의 의사형성에 참여하는 권리로서, 국민이 선거를 통하여 또는 직접 공무원에 취임하여 국가정치에 참여할 수 있는 권리를 말한다. 공무원선거권, 공무원피선거권, 공무담임권 및 국민투표권 등이 이에 해당한다.

(3) 수익권

수익권(적극적 공권)은 국민이 국가의 특정한 행위를 요구하거나, 국가의 특별한 보호를 받는 등 적극적으로 국가로부터 특정한 이익을 받을 권리를 말한다. 수익권은 대부분 구체적인 법률의 제정에 의하여 실현되는 것으로, 기본권을 보장하기 위한 기본권과 생활권적(생존권적) 기본권으로 나뉜다. 재판청구권·청원권 등이 전자에 해당하고, 교육을 받을 권리, 근로의 권리 등과 같이 국민이 '인간다운 생활'을 하기 위하여 국가에 요구할 수 있는 권리가 후자에 해당한다.

그 구체적인 내용을 보면, 특정행위요구권(허가·등록·심사 등을 요구할 수 있는 권리), 영조물이용권(국립대학에서 교육을 받을 권리, 국립병원이나 시립병원 등에서 진료를 받을 수 있는 권리 등), 공물사용권(도로·하천·항만을 사용하는 권리 등), 공법상 금전청구권(공무원이 봉급·수당 또는 연금 등을 청구할 수 있는 권리 등), 공법상 영예권(학위를 받을 수 있는 권리 등) 등이 있다.

2) 사권의 분류

(가) 권리의 내용에 따른 분류

사권은 권리의 내용에 따라 인격권, 신분권, 재산권으로 분류된다.

가) 인격권

인격권은 권리자 자신을 객체로 하는 권리이다. 생명권, 신체권, 성명권, 정조권, 명예권 등이 이에 해당한다. 인격권에 대한 침해는 불법행위이며, 이에 대하여는 침해배제청구와 손해배상청구가 가능하다.

나) 신분권

신분권은 가족법상 일정한 신분적 지위에서 발생하는 권리이다. 이에는 (ⅰ) 친족권으로서 친권, 후견권, 부양청구권 등이 있으며, (ⅱ) 상속권으로서 타인의 인격이나 재산을 상속할 수 있는 권리가 있다. 신분권은 가족공동체의 유지·발전을 위한 것으로 의무적 성격이 강하고, 일신전속권이므로 상속이나 양도가 허용되지 않는다.

다) 재산권

재산권은 경제적 이익을 내용으로 권리이다. 이에는 (ⅰ) 특정한 물건을 직접 지배해서 이익을 얻는 배타적 권리인 물권, (ⅱ) 계약 등에 의해 특정한 행위 또는 급부를 요구할 수 있는 권리인 채권, (ⅲ) 의결권, 이익배당청구권 등 사단법인의 사원자격에서 갖는 권리인 사원권(社員權), (ⅳ) 발명권, 특허권, 저작권 등 인간의 정신적 창작물을 직접 지배하는 것을 내용으로 하는 권리인 무체재산권(無體財産權) 등이 있다.

(나) 권리의 작용에 따른 분류

사권은 권리의 작용에 따라 지배권, 청구권, 형성권, 항변권으로 분류된다.

가) 지배권

지배권은 객체를 직접 지배하는 권리로서, 배타성을 가진다. 물권, 무체재산권 및 친족권의 대부분이 이에 해당한다.

나) 청구권

청구권은 타인에 대해 일정한 작위·부작위 또는 인용을 청구하는 권리이다. 그 실현을 위해서는 타인이 개입되어야 한다. 채권은 모두 청구권이며, 물권적 청구권처럼 지배권으로 부터 나오는 것도 있다. 다만, 채권적 청구권이 특정 다수인을 대상으로 하는 반면, 물권적 청구권은 불특정 다수인을 대상으로 한다는 점에서 차이가 있다.

〈참고〉 **물권적 청구권:** 물권적 청구권이란 물권이 어떤 방해를 받고 있을 때 물권자가 침해자에 대하여 갖는 청구권을 말한다. 이때 상대방의 고의·과실 등 귀책사유는 요구되지 않는다. 다만, 물권적 청구권은 목적물에 대한 직접 지배권의 확보라고 하는 물권의 본질로 부터 인정되는 특수한 청구권이므로 물권과 함께 이전·소멸하고, 채권적 청구권에 우선하며, 소유권에 기한 물권적 청구권은 소멸시효의 대상이 아니다.

　물권적 청구권의 종류로는 (ⅰ) 물권에 따라 점유권에 기반한 물권적 청구권(점유보호청구권(민법 제204－제206조3) 참조))과 본권(本權), 즉 소유권에 기반한 물권적 청구권(민법 제213조4), 제214조5))으로 나뉘고, (ⅱ) 침해의 태양에 따라 반환청구권·방해제거청

---

3) 민법 제204조(점유의 회수) ① 점유자가 점유의 침탈을 당한 때에는 그 물건의 반환 및 손해의 배상을 청구할 수 있다.
② 전항의 청구권은 침탈자의 특별승계인에 대하여는 행사하지 못한다. 그러나 승계인이 악의인 때에는 그러하지 아니하다.
③ 제1항의 청구권은 침탈을 당한 날로부터 1년 내에 행사하여야 한다.
제205조(점유의 보유) ① 점유자가 점유의 방해를 받은 때에는 그 방해의 제거 및 손해의 배상을 청구할 수 있다.
② 전항의 청구권은 방해가 종료한 날로부터 1년 내에 행사하여야 한다.
③ 공사로 인하여 점유의 방해를 받은 경우에는 공사착수 후 1년을 경과하거나 그 공사가 완성한 때에는 방해의 제거를 청구하지 못한다.
제206조(점유의 보전) ① 점유자가 점유의 방해를 받을 염려가 있는 때에는 그 방해의 예방 또는 손해배상의 담보를 청구할 수 있다.
② 공사로 인하여 점유의 방해를 받을 염려가 있는 경우에는 전조제3항의 규정을 준용한다.
4) 민법 제213조(소유물반환청구권) 소유자는 그 소유에 속한 물건을 점유한 자에 대하여 반환을 청구할 수 있다. 그러나 점유자가 그 물건을 점유할 권리가 있는 때에는 반환을 거부할 수 있다.
5) 민법 제214조(소유물방해제거, 방해예방청구권) 소유자는 소유권을 방해하는 자

구권·방해예방청구권으로 나뉜다. 반환청구권은 타인의 점유침탈에 의하여 물권이 방해되고 있는 경우에 그 반환을 청구할 수 있는 권리이고, 방해제거청구권은 점유침탈 이외의 방법으로 물권이 방해되고 있는 경우에 그 방해의 제거를 청구할 수 있는 권리이며, 방해예방청구권은 물권이 현재 방해당하고 있지는 않아도 장래에 방해당할 염려가 있는 경우에 사전에 그 방해의 예방을 청구할 수 있는 권리를 말한다.

다) 형성권

형성권은 권리자 일방에 의하여 권리의 발생·변경·소멸 등, 일정한 법률상의 효과를 발생시키는 권리이다. 이를 권리변경권이라고도 한다. 선택권, 상계권,[6] 동의권, 취소권, 해제권 등이 이에 해당한다.

라) 항변권

항변권은 타인의 청구권을 거절할 수 있는 권리이다. 그러나 청구권자체를 부인하는 것은 아니고, 그것을 전제로 하되 그 행사만을 배척하는 것이다. 이에는 (ⅰ) 청구를 일시적으로 연기하는데 불과한 연기적 항변권과 (ⅱ) 청구를 영구히 저지하는 효과를 발생하게 하는 멸각적 항변권(滅却的 抗辯權)이 있다. 동시이행항변권은 전자에 해당하고, 최고·검색의 항변권, 한정상속인의 항변권 등은 후자에 해당한다.

(다) 권리의 대외적 효력에 따른 분류

권리의 대외적 효력(효력범위)에 따른 분류로는 절대권과 상대권이 있다. 절대권(대세권)은 일반인에게 절대적으로 주장할 수 있는 권리로서, 배타성이 있다. 물권, 공권 등이 이에 해당한다. 상대권(대인권)은 특정인에 대해서만 주장할 수 있는 권리로서, 배타성이 없다. 채권 등

에 대하여 방해의 제거를 청구할 수 있고 소유권을 방해할 염려있는 행위를 하는 자에 대하여 그 예방이나 손해배상의 담보를 청구할 수 있다.
6) 상계는 채무자가 채권자에 대하여 자기 또한 동종의 채권을 가지는 경우에 그 채권과 채무를 대등액에서 소멸시키는 채무자의 일방적 의사표시를 말한다.

이 이에 해당한다.

(라) 양도성 유무에 따른 분류

권리의 양도성 유무에 따른 분류로는 일신전속권과 비일신전속권
이 있다. 일신전속권은 권리자로부터 분리·상속·양도할 수 없는 권리
이다. 인격권, 신분권 등이 이에 해당한다. 비일신전속권은 권리자로
부터 타인에게 이전, 즉 상속·양도가 가능한 권리이다. 재산권 등이
이에 해당한다.

(마) 권리 상호 간의 관계에 따른 분류7)

권리 상호 간의 관계(권리의 독립성 여부)에 따른 분류로는 주된 권
리와 종된 권리가 있다. 주된 권리는 완전히 독립하여 존재하는 권리
이다. 주채권이 이에 해당한다. 종된 권리는 다른 권리에 종속하여 존
재하는 권리이다. 주된 권리와 발생·변경·소멸을 같이 한다. 채권에
대한 담보권, 이자채권 등이 이에 해당한다.

3) 사회권

사회권은 적극적인 사회정책의 필요성에서 인정되는 사회법상 권
리이다. 이를 생활권이라고도 한다. 사회권은 국가의 기능이 사회적·
경제적 영역까지 확대되어 국민생활의 보장이 국가의 책임으로 된 결
과에 따라 생긴 권리이다. 교육을 받을 권리(헌법 제31조 제1항), 근로의
권리(헌법 제32조 1항), 근로자의 단결권·단체교섭권·단체행동권(헌법
제33조 제1항), 인간다운 생활을 할 권리(헌법 제34조 1항), 쾌적한 환경
에서 생활할 권리(헌법 제35조 1항) 등이 이에 해당한다.

---

7) 영미에서는 법에 의해 직접 부여된 권리인 원권(原權, 제1권)과 원권의 침해로 인
   하여 발생한 권리인 구제권(救濟權, 제2권)으로 나눈다. 소유권은 원권이 되며, 이
   에 부수하는 손해배상청구권, 원상회복청구권은 구제권에 해당된다.

(2) 의무의 분류

1) 의무의 성격에 따른 분류

의무는 권리에 대응하여 그 성격에 따라 공의무와 사의무로 나뉜다. 공의무(公義務)는 공권에 대응하는 의무이다. 이것은 공적·정치적 생활관계에서의 일정한 법적 구속이다. 사의무(私義務)는 사권에 대응하는 사법상 의무이다. 채무, 부양의무, 물권에 대한 불가침의무 등이 이에 해당한다.

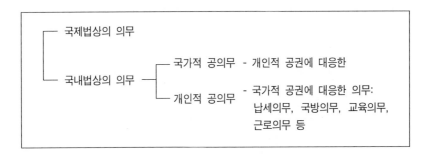

2) 의무이행의 방법에 따른 분류

의무는 그 이행방법에 따라 적극적 의무와 소극적 의무로 나뉜다. 적극적 의무는 의무의 이행에 있어서 의무자가 어떤 행위를 하는 것이 요구되는 경우이다. 법의 명령규정에 의한 작위의무가 이에 해당한다. 소극적 의무는 어떤 행위를 하지 않을 것을 내용으로 하는 것이다. 법의 금지규정에 의한 부작위의무가 이에 해당한다. 이에는 (i) 단순히 일정한 행위를 해서는 아니 된다는 단순 부작위의무와 (ii) 타인의 일정한 행위를 단지 참고 견뎌야만 하는 인용의무(認容義務)가 있다. 상법상 경업피지의무(競業避止義務)가 전자에 해당하고, 민법상 상린규정(相隣規定, 민법 제235조[8] 참조)이 후자에 해당한다.

〈참고〉 **경업피지의무(競業避止義務):** 경업피지의무란 특별한 지위에 있는 사람이 타인의 영업과 경쟁이 되는 행위를 하지 않아야 할 의무를 말한다. 상법에서는 상업사용인(제17조9)), 영업양도인(제41조10)), 대리상(제89조11)), 합명회사의 사원과 합자회사의 무한책임사원(제198조12), 제269조13)), 주식회사와 유한회사의 이사(제397조14), 제567조15)) 등에게 신뢰관계를 남용하여 영업주의 이익을 해하는 것을 방지하기 위하여 경업피지의무를 규정하고 있다. 이외에도 사적 관계에서 당사자가 경업금지계약을 하는 것은 그 계약이 선량한 풍속 기타 사회질서에 반하지 않는 한 유효하다(민법 제103조16)). 다만, 그 계약을 위반한 경우에도 위반행위 자체가 무효로 되는 것은 아니고 손해배상의 문제가 발생할 뿐이다.

---

8) 민법 제235조(공용수의 용수권) 상린자는 그 공용에 속하는 원천이나 수도를 각 수요의 정도에 응하여 타인의 용수를 방해하지 아니하는 범위 내에서 각각 용수할 권리가 있다.

9) 상법 제17조(상업사용인의 의무) ① 상업사용인은 영업주의 허락없이 자기 또는 제삼자의 계산으로 영업주의 영업부류에 속한 거래를 하거나 회사의 무한책임사원, 이사 또는 다른 상인의 사용인이 되지 못한다.

10) 상법 제41조(영업양도인의 경업금지) ① 영업을 양도한 경우에 다른 약정이 없으면 양도인은 10년간 동일한 특별시·광역시·시·군과 인접 특별시·광역시·시·군에서 동종 영업을 하지 못한다.

11) 상법 제89조(경업금지) ① 대리상은 본인의 허락없이 자기나 제3자의 계산으로 본인의 영업부류에 속한 거래를 하거나 동종 영업을 목적으로 하는 회사의 무한책임사원 또는 이사가 되지 못한다.

12) 상법 제198조(사원의 경업의 금지) ① 사원은 다른 사원의 동의가 없으면 자기 또는 제3자의 계산으로 회사의 영업부류에 속하는 거래를 하지 못하며 동종 영업을 목적으로 하는 다른 회사의 무한책임사원 또는 이사가 되지 못한다.

13) 상법 제269조(준용규정) 합자회사에는 본장에 다른 규정이 없는 사항은 합명회사에 관한 규정을 준용한다.

14) 상법 제397조(경업금지) ① 이사는 이사회의 승인이 없으면 자기 또는 제삼자의 계산으로 회사의 영업부류에 속한 거래를 하거나 동종 영업을 목적으로 하는 다른 회사의 무한책임사원이나 이사가 되지 못한다.

15) 상법 제567조(준용규정) 제209조, 제210조, 제382조, 제385조, 제386조, 제388조, 제395조, 제397조, 제399조 내지 제401조, 제407조와 제408조의 규정은 유한회사의 이사에 준용한다. 이 경우 제397조의 "이사회"는 이를 "사원총회"로 한다.

16) 민법 제103조(반사회질서의 법률행위) 선량한 풍속 기타 사회질서에 위반한 사항을 내용으로 하는 법률행위는 무효로 한다.

3) 의무실현의 방법에 따른 분류

의무는 그 실현방법에 따라 직접의무와 간접의무로 나뉜다. 직접
의무는 의무불이행의 경우에 그 의무의 이행을 강제이행할 수 있는
의무이다. 간접의무는 의무불이행이 있더라도 강제집행이나 손해배상
을 청구할 수 없는 의무이다. 다만, 강제할 수는 없어도 이를 해태하
면 법규 소정의 불이익을 입게 된다. 보험계약 시에 중요사항 고지의
무 등이 이에 해당한다.

3. 권리와 의무의 주체

- 제15장 법률관계의 논리구조 3. 법률주체 참조 -

4. 권리와 의무의 객체

권리의 내용인 이익은 권리의 목적이고, 이 목적이 성립하기 위하
여 필요한 일정한 대상을 권리의 객체라고 한다. 이러한 객체는 물
(物), 즉 유체물에 한정되지 않고 전기 기타 에너지, 사상내용, 권리자
체도 객체가 될 수 있다.

권리의 객체는 권리의 내용에 따라 다르다. 즉, (ⅰ) 인격권은 권
리자 자신, (ⅱ) 친족법상 권리 및 채권이 사람에게 향하여진 경우는
타인, (ⅲ) 물권은 물건, (ⅳ) 무체재산권은 무형의 정신적 소산, (ⅴ)
질권에 있어서는 채권 기타의 재산권(주식)이 각각 권리의 객체가 된
다. 한편, 기업은 종래에는 상속과 합병 이외에는 권리의 객체로서 인
정하지 않았지만, 오늘날 기업에 대하여 독립적인 경제적 가치를 인정
하게 됨으로써 권리의 객체에 포함시키고 있다.

의무의 경우에는 이행하여야 할 의무내용이 의무의 객체가 된다.

5. 권리의 행사와 의무의 이행

(1) 권리의 행사

1) 의의와 방법

권리의 행사는 권리자가 권리내용을 실현하여 일정한 이익을 누리고자 하는 행위, 즉 법규칙이 인정한 권리의 내용을 실현하는 것을 말한다.

권리의 행사방법은 권리의 내용에 따라 다르다. 즉, (ⅰ) 지배권은 객체를 지배함으로써 실현하고, (ⅱ) 청구권과 형성권은 의사표시로서 행하며, (ⅲ) 민법상 채권자취소권(민법 제406조17))은 재판의 형식에 의한다.

2) 제한

권리행사는 로마법 이래로 권리행사의 절대성이론에 의하여 "자기의 권리를 행사하는 자는 누구에 대하여도 불법을 행사하는 것이 아니다"라고 하는 것이 인정되었다. 이러한 사상은 19C 개인주의와 자유주의에 의해 지지되어 오다가 20C에 이르러 복지국가 건설이 요청되면서 법체계가 사회본위·의무본위로 변천됨에 따라 권리의 행사에 제한을 가하기에 이르렀다. 즉, 법이 권리를 부여한 것은 권리자가 그것으로써 직접 자기 이익을 도모함과 동시에 간접적으로는 사회적

---

17) 민법 제406조(채권자취소권) ① 채무자가 채권자를 해함을 알고 재산권을 목적으로 한 법률행위를 한 때에는 채권자는 그 취소 및 원상회복을 법원에 청구할 수 있다. 그러나 그 행위로 인하여 이익을 받은 자나 전득한 자가 그 행위 또는 전득 당시에 채권자를 해함을 알지 못한 경우에는 그러하지 아니하다.
② 전항의 소는 채권자가 취소원인을 안 날로부터 1년, 법률행위 있은 날로부터 5년 내에 제기하여야 한다.

복리에 공헌하기 위한 것으로 인정되었다. 1919년 독일 바이마르 (Weimar) 헌법 제153조 제3항에서는 "소유권은 의무를 부담한다. 그 행사는 동시에 공공복리에 적합해야 한다"고 규정하였다. 헌법에서도 "재산권의 행사는 공공복리에 적합하도록 하여야 한다"(제23조)고 규정하고 있다.

3) 권리남용의 금지

민법 제2조에 의하면 "권리의 행사와 의무의 이행은 신의에 좇아 성실히 하여야 한다. 권리는 남용하지 못한다"고 규정하고 있다. 여기서 '신의성실'은 정의·형평을 뜻하며, 이는 사회일반의 도덕의식을 말한다. 만일 권리를 남용하게 되면 실질상 권리의 사회성에 반하는 것으로서 위법으로 평가되며, 그 효과로서는 (i) 권리행위의 정지, (ii) 권리행사에 따른 효과의 불발생, (iii) 손해배상의 청구, (iv) 권리박탈(예, 친권) 등이 인정되고 있다.

이때 권리남용 여부를 판단함에 있어서는 가해의사를 내용으로 한 주관적 기준은 물론, 권리행사의 결과를 기준으로 한 객관적 기준을 함께 고려하여야 한다. 판례에서 나타난 권리남용의 주요 형태를 보면, (i) 상대방에게 손해를 줄 의사 또는 목적으로 행위한 경우, (ii) 권리행사의 이익 또는 필요가 없는 경우, (iii) 부당한 이익취득의 목적으로 행위한 경우, (iv) 상대방의 인용정도의 범위를 넘어선 경우, (v) 권리행사로 권리를 행사하는 자가 받는 이익과 상대방이 받는 손해가 현격하게 불균형한 경우, (vi) 행사방법이 사회윤리에 심히 반해 사회상규에 반하는 경우, (vii) 권리의 경제적·사회적 목적에 반하는 경우 등이 있다.

(2) 의무의 이행

의무의 이행은 의무자가 자기가 부담하는 일체의 작위의무 또는 부작위의무의 내용을 실현하는 것을 의미한다. 의무는 반드시 이행되어야 하며, 이를 위반할 경우에는 강제이행, 손해배상, 형벌 등의 책임을 부담하게 된다. 의무의 이행도 그것이 신의성실의 원칙에 반하는 경우에는 의무이행으로 인정되지 않기 때문에 의무불이행의 책임을 지게 된다.

6. 권리의 변동

권리의 변동이란 행위나 자연적 사실에 의거하여 권리가 발생·변경·소멸되는 것을 말한다.

(1) 권리의 발생

권리의 발생(취득)에는 (i) 권리·의무가 법적 원인에 의해 종전의 권리·의무와 상관없이 특정 주체에 결합하는 원시적 취득과 (ii) 어떤 사실에 의해 다른 사람이 가지고 있던 권리·의무가 본질적인 변화 없이 다른 주체에 결부되는 승계적 취득이 있다. 가옥을 신축하는 경우는 전자에 해당하고, 가옥을 매매하는 경우는 후자에 해당한다.

(2) 권리의 변경

권리의 변경은 권리의 본질은 변경하지 않고 주체, 목적 또는 태양의 변화만을 가져오는 것을 말한다. 즉, 권리관계가 1인 소유에서 여러 사람 소유로 바뀌거나, 물건인도권이 있는 사람이 물건이 멸실됨에 따라 손해배상청구권을 갖게 되거나, 조건부채권이 무조건부채권으로 바뀌는 경우 등이 이에 해당한다.

(3) 권리의 소멸

권리의 소멸(상실)은 권리가 주체로부터 분리되는 것을 말한다. 이에는 (i) 일단 종전의 주체로부터 분리된 권리·의무가 그 후 다른 주체에 귀속되지 않고 없어지게 되는 절대적 상실과 (ii) 다른 특정 주체에게 이전하는 상대적 상실 등이 있다. 물건의 멸실에 따른 소유권 상실은 전자에 해당하고, 물건의 매매 등에 의한 소유권 상실은 후자에 해당한다.

제17장

국 가

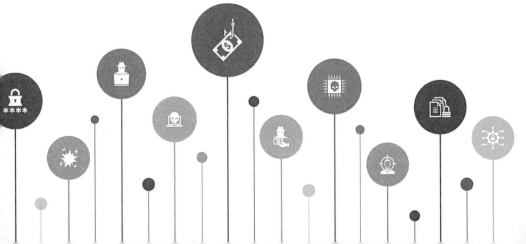

국 가

1. 법과 국가

법은 단일한 권위에 의하여 정립되고 집행될 때에 그 목적을 가장 확실하게 달성할 수 있다. 이와 같이 단일한 권위에 의하여 정립된 법은 그 사회의 모든 구성원을 일률적으로 규율하는 행위규범으로 적용되는 것이 원칙이며, 여기에 불복종할 때에는 제재가 가하여진다. 따라서 법이 통일적으로 집행되고, 법의 목적이 정확하게 실현되기 위해서는 법은 국가를 전제로 하여야 한다. 즉, 일반적으로 사회 있는 곳에 법이 존재하지만, 강력한 국가권력이 있어야만 법은 충분하고, 확실하게 집행되는 것이다.

한편, 국가는 법을 전제로 하여 조직된 사회단체이다. 오늘날 국가조직이 복잡하고 그 규모가 커짐에 따라서 법도 복잡·다양하며, 한 복잡하고 대규모적이다. 이와 같이 양자는 상호 긴밀한 관계에 있으므로 법에 대한 이해를 위해서는 국가에 대한 이해를 필요로 한다.

2. 국가의 구성

(1) 국가의 본질

1) 국가의 의의

법적인 관점에서 말하면, 국가는 인구·영토·정부를 갖춘 정치적 조직체로서 국제사회의 다른 구성원에 종속되지 않고, 국제공동체의 법에 직접 종속되는 독립된 법인격적 실체이다. 이러한 국가는 정치적 기능을 가진 하나의 부분사회이며, 따라서 그 본질은 정치적 지배 또는 권력이라고 할 수 있다.

2) 국가의 기원

국가의 기원에 대하여는 (ⅰ) 신의 의사라고 하는 신의설, (ⅱ) 가족결합의 확대로 보는 가족설, (ⅲ) 토지의 영유에 의한다는 재산설, (ⅳ) 강자의 지배에 근거한다는 실력설, (ⅴ) 인간 상호 간의 계약의 소산이라고 하는 계약설, (ⅵ) 민족의식을 바탕으로 형성되었다는 심리설 등이 있다.

3) 국가의 형성과정

국가는 그 형성과정에 따라 고대국가, 도시국가, 봉건국가, 민족국가로 나뉜다.

(가) 고대국가

국가는 혈족·씨족사회로부터 부족사회를 거쳐 지연적인 부족대집단을 이루면서 고대국가형태로 발전하였다. 고대국가는 주로 토지의 생산력이 풍부하고, 교통로가 편리한 큰 하천유역을 중심으로 형성되었다. 고대국가는 부족국가의 인구가 증가하고, 한 부족이 다른 부족을 정복함으로써 그 규모가 확대되었으며, 동시에 농업, 상업, 공업 등이 발달하면서 국가의 형태를 갖추게 되었다.

(나) 도시국가

도시국가는 부족국가에 뒤이어 발생한 것으로 1개 도시가 1개 국가를 형성한 국가를 말한다. 이러한 형태는 고대 그리스에서 볼 수 있다.

(다) 봉건국가

봉건국가는 봉건제도를 기초로 한 국가이다. 봉건제도란 한 나라의 전 영토를 국왕이 직접 통치하는 것이 아니라 영토를 나누어 각 지방의 영주로 하여금 다스리게 하는 국가이다. 봉건국가에서는 국왕의 권력은 미약하고, 봉건영주가 그 지역의 왕으로서 직접 통치하였다.

(라) 민족국가

민족국가는 근대에 이르러 교통기관과 상공업의 발달로 인하여 민족전체가 동일운명에 있다는 자각 하에 하나의 민족이 하나의 국가를 형성함을 원칙으로 하는 통일적인 중앙집권적인 국가이다. 민족국가는 초기에는 로마법왕의 지배로부터 벗어나고 봉건제후의 권력을 해소하기 위하여 강력한 중앙집권적인 형태를 취하게 되면서 절대권력을 가진 군주를 중심으로 한 전제군주국가의 형태를 띠었다(신권적 군주전제, 중상주의).

그러나 근대 이후에는 개인의 자유와 인격의 존엄이 강조되고, 정부의 권력은 국민의 위임에 근거하며, 국민을 위하여 행사되어야 한다는 민주주의 사상이 싹트면서 민주국가의 형태로 발전하게 된다.

(2) 국가의 구성요소

옐리네크(Jellinek)는 국가의 구성요소는 국민, 주권, 영토라고 하였다. 즉, 국가는 일정한 영역 위에 명령·복종의 통치조직을 갖고 대내적으로 최고, 대외적으로 독립의 지위를 가진 계속적으로 결합된 다수 인력의 공동체를 의미한다.

1) 국민

(가) 의의

국가는 인간의 사회적 조직체이며, 이러한 인적 요소가 국민이다. 즉, 국가의 구성요소로서의 국민은 그 국가를 구성하는 자연인의 총체이며, 이것은 국가와 국적이라는 연결을 통하여 결합하게 된다. 따라서 국민인가 아닌가는 형식적인 국적의 유·무에 의해 결정되는 것이다. 따라서 국민은 (i) 국가 안에 주된 거주지를 갖고 있는 모든 사람을 지칭하는 개념인 주민과 구분되며, (ii) 역사·인종·언어·문화적 공동체라는 요소를 함께하는 사람들과 공동체를 이루면서 살려는 의사에 따라 결집된 인류의 집단인 민족과도 구별된다.

> 〈참고〉 **국적의 결정기준:** 국적의 결정기준에 관한 입법주의로는 혈통주의(속인주의)와 토지주의(출생지주의)가 있다. 우리나라는 혈통주의를 원칙으로 하고 있다.

국민은 국가의 통치에 복종해야 할 뿐만 아니라 한편에서는 여러 가지 권리·의무를 통하여 국가공동의 목적에 협력하는 것이므로 국가조직의 형성자라고 할 수 있다. 국민은 과거에는 보통 하나의 민족으로 구성되었기 때문에 민족의 정통성이 강조되고, 따라서 혈통주의가 중심이 되었다(단일민족 – 민족성의 원칙[1] – 혈통주의). 하지만 오늘날은

---

1) 민족성의 원칙이란 동일한 민족을 형성하는 모든 개인들은 동일한 국가 안에서 자

대부분의 국가가 복수의 민족으로 구성되면서 그 지역에서 생활하고 있는 주민의 의견이 중요시되고, 따라서 출생지주의가 강조되고 있다 (복수민족－인민자결권의 원칙2)－출생지주의).

(나) 법적 지위

가) 헌법상 국민의 지위

헌법상 국민의 지위로는 주권자로서의 지위, 헌법상 국가기관으로서의 지위, 기본적 인권의 주체로서의 지위, 통치대상으로서의 지위가 있다.

(a) 주권자로서의 국민

주권자로서의 국민은 국민 전체를 하나의 이념적 통일체로 파악한 경우이다. 즉, 국가의사를 최종적으로 결정하는 원동력이 국민 전체에 있으며(국민주권주의), 국민 전체의 의사에 따라 국민 전체를 위하여 헌법을 제정하여야 한다는 것을 그 내용으로 한다. 헌법 제1조 제2항,3) 동법 제7조 제1항,4) 동법 제8조 제2항5)의 '국민'이 이에 해당한다.

(b) 헌법상 국가기관으로서의 국민

헌법상 국가기관으로서의 국민은 유권자의 집합체를 의미한다. 국민은 이러한 지위에 의하여 선거권(헌법 제24조6)), 국민투표권(헌법 제71조7), 제130조 제2항8) 등) 등을 가진다.

유롭게 살 수 있다는 원칙을 말한다.
2) 인민자결권의 원칙이란 일정한 지역의 인민은 그 자유의사에 따라 정치적·법적 체제를 형성할 수 있다는 원칙을 말한다.
3) 헌법 제1조 ② 대한민국의 주권은 국민에게 있고, 모든 권력은 국민으로부터 나온다.
4) 헌법 제7조 ① 공무원은 국민 전체에 대한 봉사자이며, 국민에 대하여 책임을 진다.
5) 헌법 제8조 ② 정당은 그 목적·조직과 활동이 민주적이어야 하며, 국민의 정치적 의사형성에 참여하는데 필요한 조직을 가져야 한다.
6) 헌법 제24조 모든 국민은 법률이 정하는 바에 의하여 선거권을 가진다.
7) 헌법 제72조 대통령은 필요하다고 인정할 때에는 외교·국방·통일 기타 국가안위에 관한 중요정책을 국민투표에 붙일 수 있다.
8) 헌법 제130조 ② 헌법개정안은 국회가 의결한 후 30일 이내에 국민투표에 붙여

(c) 기본적 인권의 주체로서의 국민

기본권의 주체로서의 국민은 헌법에 의하여 보장되는 기본적 인권을 향유할 수 있는 권리를 가진다는 것을 의미한다. 일반적으로는 자기나라의 국민에 한하여 인정된다. 헌법에서는 제10조에서 "모든 국민은 인간으로서의 존엄과 가치를 가지며, 행복을 추구할 권리를 가진다. 국가는 개인이 가지는 불가침의 기본적 인권을 확인하고 이를 보장할 의무를 진다"고 규정하고, 제11조(평등권)부터 제39조에 걸쳐 국민의 기본권에 관하여 상세하게 규정하고 있다.

(d) 통치대상으로서의 국민

통치대상으로서의 국민은 국가의 구성원으로서의 국민을 말한다. 국민은 이러한 지위에 근거하여 국가에 대하여 일정한 의무를 부담하게 된다. 헌법에서는 국민에 대하여 교육의 의무(제31조 제2항9)), 근로의 의무(제32조 제2항10)), 납세의 의무(제38조11)), 국방의 의무(제39조12))를 부과하고 있다. 민주주의에서는 주권자인 국민과 통치대상으로서의 국민이 동일성을 가진다.

나) 국가에 있어서 개인의 지위

국가에 있어서 개인의 지위는 개개인의 국민이 국가에 대하여 갖는 지위 내지 상태를 기준으로 하여 다음과 같이 나뉜다. 즉, (i) 국민이 국가로부터 침해를 받지 않는 소극적 지위(자유권), (ii) 국민이 자신의 이익을 위하여 적극적으로 국가에 대하여 어떤 것을 청구할 수 있는 적극적 지위(수익권), (iii) 국민이 국가기관으로부터 능동적으로 국가의사의 형성에 참여할 수 있는 능동적 지위(참정권), (iv) 국민

국회의원선거권자 과반수의 투표와 투표자 과반수의 찬성을 얻어야 한다.
 9) 헌법 제31조 ② 모든 국민은 그 보호하는 자녀에게 적어도 초등교육과 법률이 정하는 교육을 받게 할 의무를 진다.
10) 헌법 제32조 ② 모든 국민은 근로의 의무를 진다. 국가는 근로의 의무의 내용과 조건을 민주주의원칙에 따라 법률로 정한다.
11) 헌법 제38조 모든 국민은 법률이 정하는 바에 의하여 납세의 의무를 진다.
12) 헌법 제39조 ① 모든 국민은 법률이 정하는 바에 의하여 국방의 의무를 진다.

이 국가의 통치권에 복종하는 수동적 지위(공의무) 등으로 나뉜다(옐리네크, Jellinek).

2) 국토

(가) 의의

국가는 일정한 토지를 기초로 하여 성립하는 지역단체로서, 단순한 인적 결합인 사회단체와 구분된다. 이와 같이 국토는 국가통치의 대상이자 국가라는 단체의 물적 표현이라고 할 수 있다. 국토는 영토, 영공, 영해로 구성된다. 여기서 '영토고권'은 그 구역 내의 모든 사람에 대한 지배권을 의미하는 것으로, 직접적인 토지지배권인 토지소유권과는 구별된다.

(나) 국토의 변경과 국가의 동일성

국가의 영토가 매매, 교환, 병합, 강화조약 등에 의한 조약이나 무주물 선점, 자연적 영토형성, 화산폭발 등과 같은 자연조건 내지 사실행위에 의해 변경되더라도 국가의 동일성에는 영향이 없고, 단지 통치권행사의 범위에 신축이 있을 뿐이다. 다만, 국가가 병합되는 경우에는 병합국의 국적으로 변경되고, 영토의 일부할양이 이루어지는 경우에는 할양조약에 의하여 국적이 변경되지만 국적은 일반적으로 주민의 선택에 의하여 그 변경 여부가 결정된다. 또한 할양지는 신영유국(新領有國)의 법에 의해 국적이 변경된다.

3) 주권

(가) 의의

주권은 근대적 전제군주정을 변호하기 위하여 성립한 개념으로서 처음에는 방어적이었지만, 나중에는 공격적인 성질을 가지게 된 투쟁적 개념이 되었다.

주권은 다음과 같은 의미로 사용되고 있다. (i) 국가의사의 최고

독립성을 의미한다. 즉, 대내적으로는 최고이며, 대외적으로는 독립성을 갖는다는 의미이다. 따라서 국가는 자기제한의사 이외에는 어떠한 권력에 의하여도 지배되지 않는다고 한다(자기제한설).[13] (ii) 통치권과 같은 의미로 사용된다. 즉, 국가가 그 목적을 달성하기 위하여 그 구성원을 지배하는 국가 고유의 권력을 의미한다. 이러한 의미에서의 주권은 그 실질적 내용으로서 자주조직권, 영토고권, 대인고권 및 국제법상의 지배권을 포함하며, 그 형식적 내용으로서 입법권, 사법권, 행정권을 포함한다. (iii) 국가의 의사력이란 의미로 사용되기도 한다. 주권은 '유일·불가분이다'라고 하는 경우가 이에 해당한다. (iv) 국가의 사의 최종적 결정권 또는 최고의 원동력을 의미한다. 국민주권주의 또는 헌법 제1조 제2항에서 "대한민국의 주권은 국민에게 있고"라고 할 때의 '주권'은 이를 의미한다.

(나) 주권의 소재

주권은 그 소재가 누구에게 있느냐에 따라 군주주권설, 국민주권설, 국가주권설로 나뉜다.

(a) 군주주권설

군주주권설은 고대 전제군주국가에서 주권이 군주에게 있다고 하는 견해이다. 대표적인 입장으로는 보댕(Jean Bodin), 영국 스튜어트왕조(House of Stuart)의 왕권신수설(王權神授說), 루이 14세(Louis XIV – "짐이 곧 국가다") 등이 있다.

(b) 국민주권설

국민주권설은 근대적 중앙집권적 전제군주정에 대한 반동으로서 주장된 것으로, 주권은 국민에게 있다고 하는 견해이다. 대표적인 입장으로는 16C 프랑스의 폭군방벌론(Monarchomachie)의 이론 및 알투지

---

13) 그러나 오늘날에 있어서는 자기제한설에 의하면 국제법을 부인하는 결과가 되므로 주권을 과거와 같이 절대적인 권력으로 정의하기 보다는 단순한 독립성으로 규정짓고, 따라서 국가 여부도 정치적 집단으로서 독립된 법인격의 유무에 의해 판단되고 있다고 한다.

우스(Johannes Althusius) 등의 자연법론자, 루소 등이 있다.

ⓒ 국가주권설

국가주권설은 전제군주정과 극단적 민주정의 타협인 입헌군주정 하에서의 주장으로, 주권이 국가에게 있다고 하는 견해이다. 대표적인 입장으로는 19C 독일 보통법학, 옐리네크(Jellinek) 등이 있다.[14]

헌법 제1조 2항에서는 "대한민국의 주권은 국민에게 있고, 모든 권력은 국민으로부터 나온다"라고 규정함으로써 국민주권주의를 취하고 있다.

3. 국가의 형태

국가는 통상적으로 주권의 소재(국체)와 통치권의 행사방법(정체)에 따라 분류한다.

(1) 국체에 따른 분류

국가의사가 1개인에 의해서 결정되느냐, 아니면 복수인에 의하여 결정되느냐에 따라 군주국과 공화국으로 구분된다. 마키아벨리(Niccolò Machiavelli), 옐리네크(Jellinek) 등에 의한 구분이다.[15]

---

14) 이외에 국가의 구성요소로서 정부를 포함시키는 견해가 있다. 이 설은 국가법인설에 근거하여 국가를 대표해서 그 의사를 표현하고 법률행위를 행하기 위해, 그리고 그 권력행사를 매개하고 그 기능을 수행하기 위해서는 정부라는 기관이 필요하다고 하는 것이다. 이러한 정부는 '행정·입법·사법을 포함한 정치적·법적으로 구성된 공권력조직 전체'를 의미하는 것으로서, 국가가 그 영토에 살고 있는 국민을 보호하고, 그 필요를 충족시켜 주기 위한 기능을 수행하는데 꼭 필요한 수단이라고 한다. 다만, 정부라고 하기 위해서는 모든 국가기능을 수행할 수 있는 실제적 능력을 함유하고 있어야만 한다고 한다.
15) 아리스토텔레스(Aristoteles)는 국가를 군주국, 귀족국, 민주국으로 분류한다.

1) 군주국

군주국은 군주 1인에게 주권이 있는 나라를 말한다. 군주의 선임 방법에 따라 (ⅰ) 군주의 지위가 그 일생에 걸쳐서 계속될 뿐만 아니라 혈연에 의하여 그 자손에게 승계되는 세습군주국과 (ⅱ) 선거에 의하여 군주가 정해지는 선거군주국이 있다.

또한 군주의 권한행사의 제한 여부에 따라 (ⅰ) 군주가 국가의사를 결정하는데 있어서 아무런 제약도 받지 않고 자의로 결정하는 절대군주국과 (ⅱ) 그 권력의 일부가 특수신분 또는 국민대표나 의회 등에 의하여 제한되는 제한군주국이 있다. 제한군주국은 주로 의회의 입법권과 사법권의 독립을 통해 제한되는데, 다시 등족적 군주국과 입헌적 군주국으로 구분된다.

하지만 오늘날의 군주국은 대부분 입헌군주제도를 택하고 있으므로 '형식적인 법제도상 군주가 존재하는 국가'라는 뜻으로 사용되고 있다.

〈참고〉 등족제국가: 등족제국가란 중세 후기 유럽 각지에서 성립했던 국가 형태로서, 특권을 가진 여러 신분이 신분제 의회를 통해 군주의 권력행사를 제약한다는 점에 그 특징이 있다. 이를 신분제국가라고도 한다. 여기서 등족회의란 중세 말기에 유럽에서 형성되어 절대국가의 성립 때까지 존재하였던 의회. 성직자, 귀족, 시민의 신분별로 구성된 회의로서, 국왕에 의한 과세 요구의 승인, 의회 출석자에 의한 각 출신 지구나 단체에 대한 왕의 의사의 전달 등의 기능을 하였으며, 프랑스의 삼부회가 그 대표적이다.

• 프랑스 삼부회: 삼부회는 제1부 성직자, 제2부 귀족, 제3부 평민의 세 신분 대표로 구성되는 회의로서, 1302년 필리프 4세가 왕권 신장을 위하여 교황 보니파키우스 8세와의 투쟁 시에 노트르담 성당에서 소집한 것에 기원을 둔다. 그러나 삼부회는 국왕의 자문기관으로

서 왕이 국가재정 동원을 위해 필요한 경우와 교황과의 세력싸움에서 자신의 권한을 강화하기 위한 수단으로 활용됨에 지나지 않았다. 따라서 삼부회를 소집하고, 의제를 결정하는 권한은 모두 국왕에게 속해 있었고, 의원들에게는 심사권, 상신권만 있었을 뿐 의결권도 인정되지 않았다. 삼부회는 1614년에 소집된 이래 소집되지 않았지만, 재정위기에 처한 루이 16세가 1789년 5월 5일에 새로운 세금을 부과하기 위해 베르사유에 소집한 것이 오히려 프랑스 혁명의 구체적인 도화선이 되었다. 혁명 이후 삼부회는 폐지되었다.

2) 공화국

공화국은 주권이 복수인에게 있는 국가를 말한다. 주권의 담당자가 누구냐에 따라 (ⅰ) 주권이 국민 중의 일부인 귀족에게 있는 귀족공화국, (ⅱ) 주권이 노농계급에 있는 노농공화국, (ⅲ) 주권이 현인(賢人) 등 특정 국민에게만 인정되는 과두공화국, (ⅳ) 주권이 국민 전체에게 있는 민주공화국 등으로 나뉜다.

(2) 정체에 따른 분류

1) 통치권의 주체에 따른 분류

국가 통치권의 주체가 누구인가에 따라 전제정체와 입헌정체로 나뉜다.

(가) 전제정체

전제정체는 군주 또는 일부 다수인이 자신의 의사만으로 통치권을 행사하고, 일반 국민은 예속적 지위에서 권리행사의 대상으로 취급되는 정체(政體)이다. 고대 귀족국가, 과두적 공화국, 근대 절대적 군주국, 중세 봉건적 군주국 등이 이에 해당한다.

(나) 입헌정체

입헌정체는 국가계약설, 국민주권설 및 18C 계몽적 자연법론에 근거하여 국민자치의 사상과 자유평등의 사상을 기반으로 하고, 자유주의적·시민적 민주주의를 그 원리로 하면서 국민 전체를 위한 진정한 민주주의의 구현을 그 목표로 하는 정체이다.

입헌정체는 이와 같이 주권자의 통치권 행사가 단독에 의하지 않고, 다른 국가기관의 참가에 의하여 결정하는 정체로서 대의제도(의회제도), 삼권분립주의, 법치주의를 그 요소로 한다. 이것은 군주국이나 공화국 모두에서 존재할 수 있다.

〈참고〉**법치주의:** 법치주의는 성문헌법주의, 기본권보장의 선언, 권력분립주의, 위헌법률심사제, 행정부에 대한 포괄적 위임금지, 행정의 합법률성과 행정의 사법적 통제, 국가권력의 예측가능성보장, 사법권독립 등을 그 내용으로 한다.

---

2) 통치방식에 따른 분류

국가의 통치방식에 따라 민주정체와 독재정체로 나뉜다.

(가) 민주정체

민주정체는 통치권의 행사가 일반 국민의 의사에 의하여 행하여지는 정체로서, 국민이 인권과 함께 정치적 목적을 가지는 정체를 말한다. 민주정체는 프랑스 혁명이후 시민계급의 이상을 실현한 정체로서, 권력분립과 국민의 자유와 권리의 보장을 그 요소로 한다. 민주정체에서 국민이 헌법과 법률 등에 복종하는 것은 자기의사에 스스로 복종하는 자율주의를 전제로 한다.

민주정체는 (ⅰ) 국민의 협의 또는 직접 표결에 의하여 주권을 행사하는 직접민주정과 (ⅱ) 국민의 대표기관을 통해 주권을 행사하는 간접민주정이 있다. 직접민주정은 헌법개정안이나 국가의 중요한 일 등을 국민의 표결에 붙여 국민의 의사에 따라 결정하는 제도인 국민 표결제(국민투표제), 국민이 직접 헌법개정안이나 중요한 법률안을 제출할 수 있는 제도인 국민발안제, 선거에 의하여 선출된 사람에 대하여 유권자들이 부적격하다고 생각하는 자를 임기가 끝나기 전에 국민 투표에 의하여 파면시키는 제도인 국민소환제를 그 내용으로 하며, 스위스의 26개 칸톤(Canton, 주)이 대표적이다.

(나) 독재정체

독재정체는 일당파 또는 소수당파가 일반 국민의 의사참여를 배제하고, 실력에 의하여 국민을 타율적으로 지배하는 정체이다. 이러한 정체에서는 전체주의 입장에서 국가가 필요한 때에는 언제든지 개인의 어떠한 생활영역에 대하여도 간섭이 가능하다고 하면서, 개인주의 · 자유주의 · 삼권분립주의를 부정한다. 이에는 (i) 우익적 독재정체(자본주의)로서 독일의 나치즘(Nazism, Nationalsozialismus)과 이탈리아의 파시즘(fascism, fascismo, Faschismus), (ii) 좌익적 독재정체(사회주의)로서 공산국가가 있다.

3) 통치권의 행사방법에 따른 분류

통치권의 행사방법에 따라 단일제와 연방제로 나뉜다. 단일제국가는 통치권의 담당과 행사가 중앙정부에 통일되어 있는 정체를 말하며, 연방제국가는 통치권의 담당과 행사가 연방과 지분국에 나뉘어져 있는 정체를 말한다. 미국, 스위스 등이 후자에 해당한다.

(3) 우리나라의 국체와 정체

우리나라는 민주공화국이므로 국체는 공화국이고, 정체는 단일제국가로서 국민의 기본권보장과 삼권분립주의를 채택하고 있는 입헌정체이며, 원칙적으로 국민의 대표기관인 국회를 통한 간접민주정을 택하면서도(헌법 제40조 – 제65조), 예외적으로 국민투표제를 가미하고 있다(헌법 제72조[16]).

4. 국가의 기능

(1) 국가의 통치작용

국가의 활동범위나 내용은 시대와 장소에 따라 다르다. 19C에는 국가의 횡포를 막고 국민의 자유권을 보장하기 위해 국가권력발동을 억제하고자 하는 취지에서 엄격한 권력분립주의를 취하였다. 즉, 입헌정체에서는 국가의 통치권을 입법권, 사법권, 행정권으로 나누어 각각 국회, 법원, 행정부의 권한으로 함으로써 상호 간 견제와 균형을 통하여 국가권력의 남용을 방지하고, 따라서 국민의 자유와 권리를 보장하고자 하였다.

그러나 20C 문화국가시대에 들어와서는 분업의 원칙하에 국정처리의 사무능률을 올리기 위하여 국가권력을 적절하게 분할하기 위한 목적에서 권력결합주의가 심화되고 있다.

(2) 국가의 통치구조

정부의 통치구조에 따라 크게 대통령제, 의원내각제, 이원집정부제로 나뉜다.

---

16) 헌법 제72조 대통령은 필요하다고 인정할 때에는 외교·국방·통일 기타 국가안위에 관한 중요정책을 국민투표에 붙일 수 있다.

1) 대통령제

(가) 의의와 특징

대통령제(presidential system)는 권력의 엄격한 분립이 행하여지고, 권력기관 상호 간의 독립이 보장되며, 대통령이 독립하여 행정권을 행사하는 정부형태를 말한다. 미국이 대표적이다.

대통령제는 다음의 특징을 가지고 있다. (i) 입법부와 행정부가 서로 독립되어 있다. 의원의 장관겸직이 금지되고, 입법부가 행정부에 대하여 정치적 책임을 물을 수 없으며, 행정부의 입법부해산·법률발안·의회출석발언권 등이 인정되지 않는다. (ii) 입법부와 행정부의 상호 견제와 균형이 작용한다. 대통령은 법률안거부권과 법률안공포권으로 입법부에 간여하고, 의회는 조약비준과 고급공무원에 대한 동의권 등을 통해 행정부를 견제한다. (iii) 행정부의 일원성이 유지된다. 대통령은 국가의 대표자인 동시에 행정부 수반으로서 단독으로 행위할 수 있으며, 국무총리제가 없고 부통령제를 두고 있다. (iv) 입법부의 전횡을 막기 위해 의회는 상원과 하원의 양원제를 채택하고 있다.

(나) 장·단점

대통령제는 (i) 대통령이 통치의 중심으로서 기능하므로 행정부가 안정되며, (ii) 의회에 대한 견제가 가능함으로써 의회의 졸속입법을 막을 수 있다는 장점이 있다. 반면에, 대통령제는 (i) 대통령에게 권한이 집중됨으로써 독재화 경향이 있고, (ii) 야당이 의회에서 다수를 점하고 있는 경우에는 국정의 통일적 수행이 어렵다는 단점이 있다.

2) 의원내각제

(가) 의의와 특징

의원내각제(parliamentary cabinet system)는 행정부가 대통령과 국무총리로 이원적으로 구성되어 있으면서 입법부와 공존하는 정부형태를 말한다. 영국이 대표적이다. 의원내각제는 권력분립의 요청에 의해 입법부와 행정부를 독립시킴과 동시에 민주주의의 요청에 따라 행정권을 민주적으로 통제할 수 있도록 구성된 제도이다.

의원내각제는 다음의 특징이 있다. (i) 입법부와 행정부의 평등과 균형이 이루어져 있다. 국가의 기본정책의 수립 및 집행에 입법부와 행정부가 공동참여하고, 의회는 정부에 대한 불신임권을 갖는 반면, 정부는 의회해산권을 가지고 상호 견제한다. (ii) 입법부와 행정부가 공존관계에 있다. 내각의 성립과 존속이 의회에 의존하고, 다수당에 의해 내각이 구성되므로 의원이 행정 각 부의 장을 겸직할 수 있으며, 각료의 의회출석권과 정부의 법률안제출권이 인정된다. (iii) 행정권이 이원화되어 있다. 대통령이 국가의 대표자로서 의례적·형식적 권한을 가지고, 실질적 행정권은 다수당에 귀속하게 된다.

(나) 장·단점

의원내각제는 (i) 행정부와 입법부의 협력이 용이하므로 신속한 국정처리가 가능하고, (ii) 입법부와 행정부의 마찰이 회피됨으로써 능률적이고 전국적인 국정수행이 가능하며, (iii) 행정부가 입법부에 책임을 지게 되므로 책임정치가 구현되고, (iv) 의원의 내각진출이 가능함에 따라 유능한 인재를 기용할 수 있다는 장점이 있다. 반면에, 의원내각제는 (i) 입법부와 행정부를 한 정당이 독점할 경우 정당정치화할 우려가 있고, 상호 간에 견제장치가 전무하게 되며, (ii) 역으로 다수당이 난립할 경우에는 다수당의 지위를 갖기 위해 합종연횡으로 정국이 불안정하게 되고, (iii) 입법부가 정권획득을 위한 장소가 되어 정쟁이 격화될 우려가 있다는 단점이 있다.

3) 이원집정부제

(가) 의의와 특징

이원집정부제(二元執政府制)는 위기에 있어서는 대통령이 행정권을 전적으로 행사하지만, 평상 시에 있어서는 내각수반이 행정권을 행사하며, 하원에 대하여 책임을 지는 의원내각제식으로 운영되는 정부형태를 말한다(준대통령제).

이원집정부제는 다음의 특징이 있다. (ⅰ) 대통령은 의회에 대하여 독립한 지위에 있다. 대통령은 직접선거에 의하여 선출되고, 의회에 대하여 책임을 지지 않으며, 비상시에는 긴급권을 행사할 수 있다. (ⅱ) 내각은 의회에 대하여 책임을 진다. 대통령이 수상을 지명하는데, 이때에는 의회의 동의를 얻어서 하여야 하며, 의회는 내각에 대해 불신임권을 가지는 반면(연대책임), 대통령은 의회를 해산할 수 있다. (ⅲ) 긴급 시에 대통령권한이 확대된다. 대통령은 긴급 시에는 수상과 국무위원의 부서(副署) 없이도 행정권의 행사가 가능하며, 수상을 해임할 수 있고, 국무회의를 주재할 수 있다.

〈참고〉 부서: 부서(countersignature)란 국가원수의 서명에 부가하여 국무총리나 관계 국무위원(각원(閣員) 또는 각료) 또는 장관이 서명하는 것을 말한다. 이것은 국무총리나 관계 국무위원 또는 장관의 책임소재를 밝히는 동시에 국가원수의 전횡을 방지하는 효과가 있다. 헌법에서는 대통령의 국법상 또는 군사상 행위는 문서로써 하며, 이 문서에는 국무총리와 관계 국무위원이 부서하도록 하고 있다(제82조).

(나) 장·단점

이원집정부제는 (ⅰ) 평상시에는 입법부와 행정부의 마찰을 회피할 수 있고, (ⅱ) 긴급시에는 신속하고 안정된 국정처리가 가능하다는 장점이 있다. 반면에, (ⅰ) 내각과 의회의 대통령긴급권에 대한 견제가 약해서 대통령의 독재화 우려가 있으며, (ⅱ) 대통령이 위기를 빙자하여 비상권한을 행사하는 경우 의회의 권한이 축소·제한되어 국민주권주의에 불충실하고, 국민여론을 외면한 행정이 될 우려가 있다는 단점이 있다.

(3) 국가기능의 변천

1) 봉건국가시대

중세 유럽에서는 한 나라의 전영토를 국왕 자신이 직접 통치한 것이 아니라 국왕의 신하인 영주에게 맡겨 통치하게 하였다.

2) 경찰국가시대

17·8C 유럽 절대군주국가에서는 군주가 경찰권이라고 하는 포괄적인 권력을 가지고(전제적 권력을 보유) 국정의 모든 영역에 있어서 자의적으로 권력발동을 행하였으며, 어떠한 법적 구속도 받지 않았다. 국민은 이에 대해 단지 복종할 의무만 있을 뿐, 이에 대해 구제받을 수 있는 방법을 갖추지 못하였다.

3) 법치국가시대

18·9C 근대시민국가에서는 입헌정체를 취하면서 국가의 통치권 행사가 전 국민의 의사표현인 법에 의해 이루어졌다(피치자의 동의에 의한 지배). 법치주의는 국왕일지라도 법밑에(under the law) 위치하여 법을 어기지 못한다고 하는 영국의 '법의 지배(rule of law)'의 확립에 따른 것이었다. 이 시대에는 권력분립주의와 자유방임주의를 기반으로 하여 사적 자치의 원칙과 소유권절대의 원칙이 보장되었고, 국가의 간섭을 가급적 제한하고자 하였다.

4) 문화국가시대

20C 이후 수정자본주의 체제에서는 국가의 기능이 단순한 사회안정의 확보에서 문화개발 및 국민의 복리증진에 목적을 두고 있다. 즉,

국민의 경제생활과 문화생활을 위해 국가가 적극적으로 간섭하기에
이르렀다. 그러나 문화국가의 기능은 법에 의한 국민의 새활을 억제하
고자 하는 것이, 오히려 법을 통해 국민의 경제생활과 문화생활을 촉
진하고자 하는 것을 그 원리로 하였다.

찾아보기

저자 약력

강 동 욱

법학박사
전) 관동대학교 교수
전) 한양대학교, 국립 경찰대학, 중앙경찰학교 강사
전) 동국대학교 법과대학 학장 겸 법무대학원 원장
동국대학교 법과대학 교수
동국대학교 법무대학원 탐정법무전공 책임교수
대한행정사회 교육위원회 위원장
(사)한양법학회 이사장
한국법정책학회, 한국아동보호학회, 한국부동산탐정협회 고문
한국탐정학회 회장
한국법학교수회, 한국아동학대예방협회 부회장
세계공인탐정연맹 아시아공인탐정연맹, 한국공인탐정협회 자문교수
대검찰청 검찰수사심의위원회, 서울고등검찰청 영장심의위원회 위원
사법시험, 행정고시, 입법고시 및 각종 국가공무원시험 출제, 선정 및 면접위원

〈자격〉
일반사단법인 일본조사사협회(JISA) 특별인정탐정업무종사자 자격취득
PIA사설탐정사(민간조사사) 자격취득(한국특수직능재단)
필리핀 전문탐정협회 특별회원 자격취득

탐정학 시리즈 6

탐정과 법의 이해

초판 발행	2022년 2월 25일
지은이	강동욱
펴낸이	안종만 · 안상준
편 집	우석진
기획/마케팅	오치웅
표지디자인	이소연
제 작	고철민 · 조영환
펴낸곳	(주) **박영사**
	서울특별시 금천구 가산디지털2로 53, 210호(가산동, 한라시그마밸리)
	등록 1959. 3. 11. 제300-1959-1호(倫)
전 화	02)733-6771
f a x	02)736-4818
e-mail	pys@pybook.co.kr
homepage	www.pybook.co.kr
ISBN	979-11-303-4146-0 93360

copyright©강동욱, 2022, Printed in Korea

정 가   15,000원